奥黛丽·赫本传
用灵魂亲吻世界

席 音 著

北方文艺出版社

图书在版编目（CIP）数据

奥黛丽·赫本传：用灵魂亲吻世界 / 席音著. ——
哈尔滨：北方文艺出版社，2019.10
ISBN 978-7-5317-4578-5

Ⅰ.①奥… Ⅱ.①席… Ⅲ.①赫本 (Hepburn,
Audrey 1929-1993) – 传记 Ⅳ.①K837.125.78

中国版本图书馆 CIP 数据核字 (2019) 第 127873 号

奥黛丽·赫本传：用灵魂亲吻世界
AODAILI HEBENZHUAN YONGLINGHUN QINWEN SHIJIE

作　者 / 席　音	
责任编辑 / 宋玉成　赵　芳	封面设计 / 锦色书装
出版发行 / 北方文艺出版社	邮　编 / 150080
发行电话 /（0451）85951921　85951915	经　销 / 新华书店
地　址 / 哈尔滨市南岗区林兴街 3 号	网　址 / www.bfwy.com
印　刷 / 北京洲际印刷有限责任公司	开　本 / 880mm×1230mm　1/32
字　数 / 180 千	印　张 / 8.25
版　次 / 2019 年 10 月第 1 版	印　次 / 2019 年 10 月第 1 次印刷
书　号 / ISBN 978-7-5317-4578-5	定　价 / 39.80 元

序：唯有天使般的优雅永存

"若曾有天使降临，一定是以奥黛丽·赫本的形象行走人间。"

存有这样念头的人，绝不仅仅是我一个。

赫本的时代终究已经过去，那个时代鲜妍的美人、睿智的绅士，也渐渐消失在人们的记忆中，即便是玛丽莲·梦露这样标志性的尤物，一样已经被无数新鲜的面孔取代，唯有赫本与她的优雅，永存于世间。

女孩们依旧在模仿着她，穿上一袭小黑裙，剪短自己的头发，倔强地昂着头，摆出孤高的模样，致敬心中的女神。

一种不会被时光洗涤褪色的优雅，一种始终不会陈旧落伍的魅力，就是奥黛丽·赫本的颜色。经历了半个多世纪的检验，人们始终认定，她就是那个年代美丽的代言。

也许正是因为，能够抵抗岁月与时光的，只有优雅。

赫本的优雅，是源自骨子的高贵。她生于贵族之家，不出意外也会成为一个有爵位的姑娘，过着衣食无忧的生活。这也让她得以从幼年起就接受良好的教育，哪怕后来颠沛流离、艰难求生，缺少了物质的滋养，也一样没有减少精神的浸润。她始终怀有为之奋斗的理想，始终以严谨而庄重的态度对待自己的人生，这便是贵族的精神。

奥黛丽·赫本传
用灵魂亲吻世界

赫本的优雅,其实是一种特立独行。她是纪梵希的缪斯,时尚圈的女神,正是由于自己的个性与气质——那温柔又倔强、生动又不驯的样子,是一种不寻常的美。她常觉得自己不够漂亮,身材平板、样貌不够完美,但她穿上简单的黑白洋装、平底芭蕾舞鞋,或者是七分裤与高领衫、戴上墨镜的样子,征服了全世界的人。

美不一定是时尚的,又美又特别的赫本,一定是。

赫本的优雅,不仅仅是一种外在的美,更是一种内在的力量,由内而外地散发着。

在她之前,美的代言词是性感,女性之美便等同于细腰长腿,穿着高跟鞋、连衣裙的摇曳身姿,是男人的性幻想对象,这才是美人。

在她之后,含蓄优雅、端庄聪慧的女性独立,成为新的风潮。她凭借一己之力改变了当道的审美,让女性压抑许久的天性得到了解放——我们可以自己定义女人的美。

清醒、聪明、善良、坚韧的女人,追逐梦想的独立女性,是更美的存在。真正高贵的灵魂,活在世界上不是为了男人的追捧和承认,只为了拥有属于自己的事业与风采。

赫本是如此,也令千万女性醒悟了,她们也可以如此。

所以她的优雅是特别的,是特别有力量的。这样有深度的美,不是凭借外在来征服别人,而是以内在的灵魂来吸引众生。

她用一生践诺,以灵魂亲吻世界。

当年华老去,岁月不在,赫本的美依然闪耀,是因为她的灵魂永不凋零。她将自己的爱给予了孩子们,不仅是自己的孩子,更是全世界的

序
唯有天使般的优雅永存

千万儿童。即便远离舞台，赫本依然以慈善大使的身份为全世界的儿童奔走，她去看望那些生活在水深火热之中的异国儿童，如同母亲一样拥抱和亲吻他们，也如同母亲一样为他们流泪。

她不愿意任何一个孩子，承受来自大人的世界所带来的伤害。童年时期家庭和战争给予的痛苦，让她一生难以释怀，也再不愿见到别人受伤。

她是这样善良，一生充满热忱地对待别人，又以谦卑来面对自己。当她去世的时候，她的墓碑上也只有简单的文字——

"奥黛丽·赫本，1929—1993。"

一切都是这样简单，但沉睡在那里的灵魂却重若泰山。她曾经承受过伤害，却选择了保护他人；她曾经历经磨难，却选择了在黑暗中追寻梦想的光明；她一生见过太多颠沛流离，却只记得最温暖的瞬间。

她用自己的灵魂温柔地亲吻世界，给人们带去爱意，这便是赫本最深的优雅。

目　录

第一章　在废土上开出一朵花

　　布鲁塞尔最好的时节·001

　　生命中最大的创伤·008

　　人生就是与自己和解·014

　　枪炮与玫瑰·022

　　一个倔强女孩的抗争·027

　　于绝望中再出发·033

第二章　你的魅力终将闪耀

　　从配角到主角：没有人天生幸运·043

　　走入金粉世界，需要一点儿勇气·048

　　落跑罗马的公主·055

　　《甜姐儿》：用另一种方式实现梦想·062

　　蒂凡尼的精灵·069

　　盲女奥黛丽·077

第三章　成为天使的路注定不平坦

　　永远走自己想走的路·085

　　奥斯卡颁奖礼上的紧张姑娘·090

　　坚强，在坠马之后·096

　　是息影，更是不平凡的选择·101

　　从容看尽花开花落·107

　　天使，直到永远·114

第四章　一生所求，唯爱而已

　　在爱情里寻找失落的亲情·121

　　爱是势均力敌，是心神相依·127

　　总被辜负，却依然相信爱·134

　　当爱已成往事，不如优雅转身·142

　　一生灵魂相伴·147

　　　恋人未满，知己相随·154

第五章　有趣的灵魂特立独行

时尚，就是坚守自己的独特·161

征服纪梵希的女人·167

在复杂的世界里简单地活着·173

生活需要一股狠劲·179

重新演绎女人的强大·184

我并不漂亮，只是恰好幸运·189

第六章　在慈善的道路上前行

做一个母亲的梦想·195

善良不应该只挂在嘴边·201

亲和力和爱一样重要·206

做你能做的，不问前路·211

帮助不是同情，尊重被帮助的人·216

牵挂着孩童，沉睡于安宁·221

第七章　活成赫本优雅的模样

时间检验的美丽秘诀·227

做珍珠一样的女人·232

烟火气里的仪式感·237

哪有天生完美,不过永远自律·243

女人的美丽跟着年龄增长·247

第一章　在废土上开出一朵花

布鲁塞尔最好的时节

CHAPTER 1

1929年5月4日，奥黛丽出生在比利时布鲁塞尔。

放眼整个欧洲，布鲁塞尔是个特别的地方。一年四季，这里都干净整洁、环境优雅，修剪整齐的灌木、草坪，和盛开得浓艳的花朵交相映衬，俨然一幅安宁、悠然的油画。

这里的人们以缓慢的步调享受着生活，又时刻紧追着欧洲的潮流。在布鲁塞尔，街巷两旁到处都是穿着优雅的人们，出入于咖啡馆、面包店，你甚至可以在这里寻找到当时刚兴起的自助餐厅。艺术家是这里的常客，他们喜爱布鲁塞尔大型的艺术馆，也爱这里给他们带来的灵感；指挥家们流连于此，寻找内心的缪斯。

布鲁塞尔人对文化和艺术的追求可以体现在他们对报纸的热衷上。读报与喝茶一样，是晨间的必要仪式，一份好的报纸可以给他们带来精神上的享受。所以，当地报纸无不采用优良的纸张，以极富心力的方式排版撰写，务求每一个环节都不出错。

布鲁塞尔在浪漫中透露着严谨，就如同这里孕育出的那个美丽天使——奥黛丽·赫本给世人的感觉一样。

此时，这个美丽的女孩尚在襁褓之中，就已经得到了造物主的眷顾，让她得以在一座艺术之城最好的时节降生。万物生发，花草满园，空气中弥漫着面包坊的香气和女人们身上香水的气味，一切都是那么美妙。

奥黛丽仿佛出生在一个童话世界，她也活成了一个童话——如同白雪公主、灰姑娘、睡美人一样，没有一个女主角是可以不经磨难就获得幸福的，结局总是幸运又完美，过程却坎坷动人。

奥黛丽也是如此。她人生中的第一次坎坷来得似乎比旁人更早，在出生六周后，奥黛丽便患上了百日咳，这在当时是足以威胁性命的急症。

奥黛丽曾说过，如果自己来写自传的话，她会说："1929年5月4日，我出生在比利时布鲁塞尔……六周后，我告别人世。"虽在襁褓中没有记忆，但她在母亲的回忆中早就一次次体会了生死之间的紧张。在奥黛丽心中，她是早已死过一回的。

事实也的确如此危急。在20世纪初的欧洲，百日咳依然是威胁婴孩的死神，而奥黛丽的病症来得又急又险。除了落后的医疗环境，人们在思想上也过于保守，奥黛丽的母亲艾拉是一位虔诚的基督教徒，她始终认为上帝是比医生更仁慈的存在，精神上的虔诚可以治愈肉体的痛苦。

所以，她选择了在家中日夜祈祷，而不是带着自己满月不久的女儿去看医生。这不仅是艾拉的选择，也是当时许多人会做的决定，在医疗尚不发达的时候，人们对信仰的依赖更深。

第一章
在废土上开出一朵花

上帝似乎也束手无策，奥黛丽的情况一天比一天糟糕。她才刚出生不久，经不起这样的折腾，终于在病痛加重的某天，一度停止了呼吸。

后来呢？一个人停止了呼吸，不就应该离开人世了吗？

这个问题曾经常常萦绕在小奥黛丽的脑海里，每当她听到母亲给自己讲到这一段，就忍不住追问。

好在命运终究垂青她，这个故事的结果是显而易见的——母亲见奥黛丽停止了呼吸，甚至连身体也因为缺氧而渐渐发紫，急得使劲拍打她的屁股，像抢救产房的婴儿一样。而小奥黛丽竟然因此而逐渐苏醒过来，甚至慢慢恢复了健康。

没有医生和药物的帮助，奥黛丽熬过了百日咳。在艾拉眼里，是上帝将自己的慈悲给予了奥黛丽。

她大概就是上帝的宠儿。

而对于谦逊的奥黛丽而言，自己的一生与旁人没有太大差别，也没什么值得去炫耀的，甚至，自己还是个枯燥又无趣的人。唯独这件事让她觉得自己有些不同——你看，我曾经在生死之中走过一次。

从幼年就知道自己曾在死亡线挣扎的赫本，对于"死亡"一定有更加深刻的思考和认识。

生死之间有大恐怖，而经历过生死，无数次思考过关于"死亡"问题的人，往往更加超脱、勇敢、清醒，因为逃离死亡之后的每一天都是珍贵的，都值得自己好好度过。

思考过关于死亡的问题，才懂得如何生存。赫本便是不断进行这样的思考，长成一个坚韧、沉稳、淡定、优雅的女人。

·003·

CHAPTER 2

贵族之所以能成为贵族,并不因其爵位、身份而贵,而因他们所传承的思维、礼仪和精神。

这一点,在奥黛丽的一生中都体现得尤为淋漓尽致。生于贵族之家的她,在成长中不断失去,失去贵族的名望与地位,失去贵族应有的财富和安逸,甚至失去了温饱和健康,但始终放在心中的,便是传承自贵族家族的精神——活得有尊严、有意义的信仰与信念。

这传承自她的母亲。出生在布鲁塞尔的时候,奥黛丽是一个名副其实的贵族后裔,她的外祖父阿诺德是荷兰驻圭亚那的总督,身上拥有伯爵爵位。按照当时的继承制,奥黛丽的母亲艾拉身为伯爵的女儿,可以继承男爵头衔。

如果没有意外,奥黛丽也可以延续着母亲的生活,继续过平静、优越的日子——她身上流淌着荷兰王室的血统,可以住在华丽的别墅里,拥有使唤不尽的仆人,随时可以度假、喝茶、游玩。

可大多数伟大的灵魂都生于动荡,奥黛丽的一生显然不会像母亲一样那么顺遂却平淡。她没有感受过母亲所过的贵族生活,但从母亲那里继承的贵族精神却丝毫不少。

母亲传承给了她逐梦的能力和勇气,让她能够终生为了内心的信念而奋斗。

艾拉是个地道的贵族女性,拥有温柔却坚韧的个性,以及乐观快乐的生活态度。她所接受的是上流社会的教育,淑女的课程中少不了唱歌

第一章
在废土上开出一朵花

与舞蹈，表演戏剧也是贵族们所热爱的，艾拉在这方面尤为出色。她年少的时候，甚至想成为一名专业的歌剧演员，只可惜身为伯爵的父亲不愿意让女儿出去从事这样的工作，她只能无奈放弃了自己的梦。

但她曾经展现出来的天分与风采，永远成为社交场铭记的一部分。

所以，艾拉虽然嫁给了没有爵位的约瑟夫·罗斯顿，并没有像一般的平民一样教育自己的女儿。她对奥黛丽的培养是非常用心的，女儿还很小的时候，她就将其送到了淑女的学校学习，尤其是练习跳舞。

哪怕后来，她独自带着儿女，在战争的阴影下东躲西藏、颠沛流离，失去了财富、地位、安稳，甚至不得不做从前仆人才做的活计以支撑奥黛丽的梦想，她也一直支持奥黛丽去学跳舞、学表演，最终成为闪耀的明星。

不仅因为那也是她的梦想，更因为她拥有一个贵族的灵魂，明白什么才是真正重要而不可失去的。她也把这样的观念传递给了奥黛丽，奥黛丽一生不论经历了怎样的挑战、艰难和困苦，哪怕遇到灭顶的打击，也始终清醒自己该做什么——

她知道，女人的事业有多重要，追求梦想有多重要。

她知道，家庭对孩子的关怀、教育，关于爱的一切有多么重要。

她知道一个贵族应该具备的责任是什么，应该在社会上承担何等意义的工作。

奥黛丽没有头衔，却依然做着一个追求梦想的好演员、照顾家人的好母亲、专注慈善的儿童大使，这些，足以让她以贵族的姿态立于世界。

很难说这里没有来自母亲艾拉的教育与引导，这才是贵族精神的传承。

童年时期的奥黛丽·赫本

CHAPTER 3

童年的奥黛丽,像很多普通的姑娘一样拥有自己的烦恼。

原来,再优秀的人也并非生来就完美无缺,有些时候他们与平凡人没什么两样。

只不过,他们更愿意拥抱梦想,追逐更好的人生,才逐渐脱离了过去的样子,摆脱了曾经的烦恼,走向旁人觉得无法企及的地方。

跟长大后过于瘦削甚至有些平板的身材不同,小时候的奥黛丽是个胖乎乎的小姑娘。她总是很爱吃,每天喝的牛奶甚至快要赶上两个哥哥喝掉的总量,而爱吃巧克力的喜好,一直到她长大也依然保持着。

白白胖胖的小孩子,在东方传统观念里是最可爱、有福气的模样,也是西方人所喜爱的,但对于一个梦想着成为芭蕾舞演员的小女孩来说,

第一章
在废土上开出一朵花

这不得不说是生活中最大的苦恼之一。肥胖意味着你的身材身形不能达到舞蹈演员的标准，同时也意味着你很难成为优秀的舞者。

因此，她常常因为自己微胖的体型而感觉到自卑。

谁也不会想到，这个苦恼自己有点胖却因为嘴馋而很难瘦下来的女孩，就是后来清瘦的奥黛丽·赫本。往后的一些年里，她因为在战争中经历了长期的营养不良，才变成了后来那样瘦削的模样。

儿时的奥黛丽一定想象不到，自己长大后会拥有截然相反的苦恼——苦恼自己的身材太瘦，甚至显得有些干瘪了。她也无法想象，自己虽然没有成为一名知名的芭蕾舞蹈家，却成为享誉国际、流芳百年的电影演员。

我们每个人都无法想象自己未来的样子，哪怕是明天会如何度过，都无法说自己可以百分百掌控。所以，梦想和努力的力量就格外强大，那些无法掌控的未来的每一天、每一刻、每一秒，其实都掌握在你为梦想付出的每一分努力里面。

儿时的奥黛丽并不知道自己可以创造出怎样的事业，但她始终坚持自己的梦想和初心，哪怕在一开始，她的条件并不是最理想的。她没有漂亮、完美的体形，一样坚持自己芭蕾舞演员的梦想，将芭蕾舞女皇安娜·巴普洛娃当作自己的偶像，每一天都向着梦想的方向前行。

她也的确跳了许多年芭蕾舞，直到自己的膝盖实在无法承受伤痛，再也不能上台舞蹈，才转而将目光放到了另一个领域，尝试着成为一个演员。不论如何，她都没有放弃自己的舞台梦，不断在寻找出路。

而她也尽自己所能做到了最好。

这不仅是梦想的力量，也是努力的成果。在任何一个领域有所成就的人，都少不了在这个领域中的坚持和付出。只有梦想不谈努力是空想家的夸夸其谈，只有努力却没有梦想是庸碌者的盲目忙碌，只有二者兼备，才能走出自己的道路。

这也是奥黛丽·赫本告诉我们的路——天使从不是生来便完美的，她也走过荆棘，所幸从未迷失。

生命中最大的创伤

CHAPTER 1

父母的角色，在每个人的生命中都尤为重要。

我们都有父母，大多数人也终究会成为父母。于成年人而言，成为父母也许只是一段人生必然或意外的经历，充满欢欣或烦恼，但身为父母的日子终归并不是自己所度过的全部时光；对于子女而言，父母却是他们人生开始时的整个世界。

有时候，孩子倾注在父母身上的爱和依赖，比父母给予的更多。同样，他们也更加敏感，更容易遭受到来自父母不经意间的伤害。

奥黛丽就是如此。

从小她就是一个渴望父母关注的孩子。她是个乖巧的姑娘，生性腼腆敏感，唯独在面对自己喜欢的事情，比如跳舞、听音乐或唱歌的时候，才表露出一点儿小女孩的活泼和顽皮。这样的个性也许也跟她稍显复杂的家庭关系有关。

第一章
在废土上开出一朵花

奥黛丽是父母重组家庭的第一个孩子。在这之前，她的母亲艾拉与同为贵族的伍弗德结婚，并育有两个男孩，就是奥黛丽的两个哥哥亚历克斯和伊安。但这段婚姻并没有维持很久，他们就因为一些原因离婚了。

离婚前，艾拉就认识了约瑟夫·罗斯顿，他们之间短暂地交往却又分开，这段恋情无疾而终，没有结出什么果实。出身传统贵族家庭的艾拉有自己的道德观念，她不愿意因为自己的感情而伤害彼此的家庭。

而再一次相遇时，艾拉已经恢复了单身，她独自一人带着两个男孩生活在巴达维亚。那时候，罗斯顿也被英国外交部派遣到东印度群岛工作，他们在这里再次遇见，爱火重燃。

而这一次，两人走入了婚姻殿堂，并生下了奥黛丽·赫本。

这听起来是一个完美的爱情故事，他们得以结婚并拥有爱的结晶，但事实却并非如此。有时候，只有长久的观察才能彻底认识一个人，爱情也并非是生活的全部，相爱容易，相守却难。

艾拉和罗斯顿之间的矛盾，在婚姻当中越来越明显，越来越严重。在许多的传记当中，奥黛丽的父亲罗斯顿被认为是一名银行家，但事实上他并没有看起来那么成功。没有爵位和贵族血统的罗斯顿只能算是殷实的中产家庭，而他本人其实并不算积极上进，对工作没有什么热情。艾拉深陷于爱情的时候，看到的是罗斯顿个性沉稳的优点，可真正走近之后才发现，其实他只是个平庸、喜欢抱怨的男人。

罗斯顿喜欢将生活的一切困境归结于外部环境的问题，总之，永远是别人的过错，是社会不够安定，导致他无法发挥自己的长处。他从来不想这些也有自己的责任，只是抱怨和拖延。找不到稳定的工作，罗斯顿却毫不焦虑，依旧在挑挑拣拣，最后还是艾拉的父亲给他提供了比利时的一家英国保险公司的安稳职位，就是在这里，奥黛丽出生了。

奥黛丽出生的时候，家庭的气氛已经开始恶化。那时，艾拉便已经发现了自己丈夫不求上进的本性，这让她非常难以接受。但也许是对爱情的最后期待和婚姻的束缚，让艾拉还是决定和他继续生活下去，并生下了自己的小女儿。

可对奥黛丽来说，这不是一件好事。她那不负责任、仿佛冒险家一样有许多想法却不愿意去工作的父亲，很难给予她足够的父爱和一个温暖的童年。这对一个孩子在成长中造成的伤害，是一生都很难消弭的。

这影响了奥黛丽一辈子，她在成年后那么渴望真正的爱情和家庭的温暖，渴望成为一个母亲，都是因为幼年时在家庭中没有得到足够的关注和爱护。她曾经跟自己的儿子肖恩说，当她看到别人依偎在父亲的怀中时，总会感觉到一种难以言喻的悲痛与失落。

那可能是一辈子都无法得到满足的失落感。

父母于子女而言，就是他们刚刚来到这个世界的全部依靠和全部生活。有人说父母给予了孩子无尽的爱，倒不如说幼年的孩子给予父母的才是最纯洁、最无私的依赖与爱。他们同样也渴望着得到爱，如果没有得到，将是一生的执念。

所以，若你没有准备好成为父母，不要急着将孩子们带到这个人世；若你拥有了自己的孩子，请用足够的爱去养育他。

奥黛丽的一生是精彩丰富的，但童年时缺少的爱意成为她一生都无法忘却的遗憾，也影响了她对爱人、家庭、孩子的选择与态度。若能选择，相信她情愿成为一个再普通不过的女孩，但也要拥有一个温暖的家庭吧！

CHAPTER 2

奥黛丽曾经认为，自己生命中最大的创伤来自父亲的不告而别。

而在那之前，父母的关系就已经非常差了。

罗斯顿是个懒散的人，总是有许多不切实际的想法，但不愿意将自己的时间和精力放在工作上。他不热衷于找一份好工作维持安稳的生活，而是喜欢对政治大加褒贬，发表一些激进的看法，然后将自己生活的不如意归咎于社会环境的动荡。这跟艾拉的想法完全不同，让他们之间的矛盾越来越重。

而罗斯顿对孩子们的态度也并不亲近。对自己的两个继子，罗斯顿总是表现冷漠；对自己的亲生女儿奥黛丽，他也并未表达出多少爱意。

他更适合成为一个独身的开拓者、冒险家，实在不适合走入家庭之中。

但奥黛丽并不在意父亲的冷淡。她很崇拜自己的父亲，每当看到父亲回家的时候，总要欢喜又激动地跑过去迎接他，而当父亲准备离开家时，她又依依不舍地送别。哪怕罗斯顿并没有给予奥黛丽浓烈的父爱，她还是将父亲放在自己的心上。

同样，她也爱着自己的母亲，并渴望得到父母的关注。可是艾拉也并不是很会表达爱意的女人，也许是贵族的矜持，哪怕她同样爱着自己的女儿，却不懂得该如何表现出母亲的温柔和亲切来。相比之下，她更擅长管教自己的孩子们，培养出令人称赞的绅士或者淑女气质。

奥黛丽·赫本传
用灵魂亲吻世界

对年幼的奥黛丽而言，这样的气氛就有些过于冷漠了。而父母在哥哥们住校之后，再也维持不住表面的和平，常常爆发激烈的争吵，更让奥黛丽陷入恐慌和焦虑之中。

她总是盼着哥哥们放假的日子，除了能跟他们一起玩耍外，更多的就是盼着他们在家的时候，父母能少一些争吵罢了。

年幼的奥黛丽不能理解家里时常蔓延的紧张气氛，她甚至在害怕的时候也不敢哭泣，担心被父母指责或者教育，这让她常年保持着一种紧张和不安。

冷漠是对一个孩子最大的伤害。奥黛丽是个聪明又乖巧的孩子，即便家庭并不那么和谐，她还是想用自己的努力去黏合它。她在母亲的教导下学着读书写字，艾拉会给奥黛丽听各种美妙的音乐培养她的情操，或者鼓励她去学习舞蹈、画画，奥黛丽每次都很积极。

因为她希冀着，自己可以学好这些东西，在父亲和母亲面前表现一番，让他们多关注自己。渴望得到父母的关注，渴望得到他们的认可，渴望被别人了解，这成为她拼命努力的动力。

想来，奥黛丽·赫本能够一生追求梦想，坚持把每件事都做到最好，从不放过一个细节，这样的个性跟小时候的生活是有极大关联的。正因为父亲的冷漠和忽视，奥黛丽从小就渴望被爱和关注，她不知道该如何去得到肯定，就只会努力，一直努力。

只要我做得够好，父亲就会看一看我了吧？

小小的奥黛丽心中，一定深深种下了这粒暗示的种子。所以长大后，她成了一个追求完美的女人，无论何事都要做到最好。她也变得沉默寡

第一章
在废土上开出一朵花

言、喜欢独处，有时甚至厌恶自己的这种无趣，这些都被她归结于是童年家庭气氛的影响。

CHAPTER 3

奥黛丽的努力并没有得到什么回报，一方面，罗斯顿是个有一定情感交流障碍的人，他和艾拉一样都不太擅长扮演父母的角色，而他的情感交流障碍尤为严重，这也是奥黛丽长大后才明白的；另一方面，罗斯顿偏向右派的政治观点使他越来越冷漠，跟艾拉的矛盾越来越重，所以跟家庭的关系也越来越冷淡。

1929年，始于美国的全球经济衰退开始了，极端的思潮在整个欧洲掀起，人们渴望革命，渴望从经济危机当中找到出路，法西斯党派便在当时壮大起来。

你很难想象，二战前的法西斯党派拥有怎样的影响力，比利时的大街小巷，几乎任何一个政府单位中都有法西斯人士。那时，法西斯主义还没有露出自己的獠牙，人们加入其中也只是为了寻找社会的出路。

罗斯顿在比利时受到法西斯党派思潮的影响，越发积极地开始参与政治活动，甚至为英国的法西斯联盟招贤纳士、筹措款项。他把这当成自己的事业来做，却完全不事生产，再也不工作了，只靠着妻子家族的产业活着。

他越来越冷漠了，跟家里的关系也越来越疏远。直到有一天，这种冷漠到达了顶峰——1935年的5月，他默默收拾了自己全部的行李，离开了家。

从此他再也没有回来。

艾拉知道了罗斯顿的不告而别，一时间只能崩溃地哭泣，这给奥黛丽留下了深刻的印象。她更是在失落、恐慌当中不安着，在她小小的世界里，父亲依然是值得钦佩的对象，她崇拜他，仰慕他，依赖他，甚至前一天还在为了获得父亲的认可而努力。可这一天之后，一切都不再有意义。

她失去了自己的父亲。

这种伤心给她留下了一生的阴影。从此，她不再相信世上会有持续永恒的爱，她很难在爱人那里得到安全感，很难相信自己是值得被爱的。每一次恋爱、结婚，奥黛丽总会担心对方会弃自己而去。我想，在那一刻，她的爱人便与父亲的形象重合了，才让她如此患得患失。

有时，我们的抉择对亲近之人会造成极大的影响，一不小心，便是一辈子的伤害。无论如何，都当珍惜别人对你的爱，哪怕无法给予足够的回应，也请不要随意伤害。

人生就是与自己和解

CHAPTER 1

再深的伤疤也有愈合的一天，人生便是一个跟自己和解的过程。

奥黛丽也在成长中逐渐学着跟那些疑惑、困扰与痛苦和解。

她人生中最初也是最大的困扰，就是渴望感受爱却无法得到。父亲的不告而别让她难以接受，而母亲也是一个不懂得如何表达爱的人，这让奥黛丽曾经十分在意，她曾跟自己的工作伙伴说，自己从未感受过母爱。

第一章
在废土上开出一朵花

但毋庸置疑，艾拉是爱着她的，只是不太懂得表达。她虽然不是一个温柔的母亲，在面对奥黛丽的时候总是显得严肃有余、亲近不足，但她始终将奥黛丽的利益放在第一位。

罗斯顿离家出走之后，也曾跟艾拉联系过要求探望自己的女儿，艾拉毫不犹豫地同意了。纵使他们的婚姻以这样狼狈的面貌收场，艾拉还是没有拒绝这个人的请求，只因为她觉得有父亲的探望对女儿的成长是一件好事。

对奥黛丽的事情，艾拉总是很上心。当奥黛丽有芭蕾舞演出时，艾拉甚至专门找裁缝给她缝制了新的洋装，只为了奥黛丽可以表现得更加完美。那是奥黛丽人生中的第一件长洋装，她记忆犹新，一生未忘。

哪怕生活艰辛，她也从没有放弃对女儿的付出。她努力地工作，只为了给予奥黛丽足够的支持，让她继续坚持自己的兴趣、维持自己的梦想。为此，她不顾自己一向看中的贵族女爵的身份，做过公寓管理员，当过保姆，为别人擦洗房间、收拾垃圾，只是为了造就女儿的美好人生。

艾拉比很多母亲做得更好。正如奥黛丽所言："母亲疼爱我，只是她不习惯表达……"

在幼年时，奥黛丽更多地见识到母亲肃然、严格的一面，所以她始终跟母亲有情感上的距离，始终觉得自己没有感受过平凡人的母爱。她常常听到来自母亲的严厉教导，艾拉总是用高标准要求别人，对奥黛丽的一举一动有些挑剔。

她不喜欢奥黛丽想要得到别人关注的行为，以一个保守贵族的审美来看，那是不体面的。所以，她总在叮嘱奥黛丽"要准时""为别人着想""你没有什么了不起的,不要总谈论自己"……她希望女儿长成那种内敛、谦逊、彬彬有礼的贵族。

当然,后来奥黛丽的确养成了谦逊谨慎、平和淡然的性格,艾拉的教导是功不可没的。但对那个还期待着得到父母关注、认可的小女孩来说,这样的要求未免太过于压抑天性,让她的情感需求得不到满足。

无法说出"爱",所以只有将爱隐藏在教导与批评中,这与许多父母是多么相似!在这样的家庭中成长,很难毫无遗憾、毫无芥蒂,孩子的内心多少都会有不甘和疑惑,只有时间能让他们走出来。有些人,甚至一生无法释怀。

她们的和解,大概就是在奥黛丽成为母亲,或者真正走出内心的阴霾时。在艾拉的晚年,奥黛丽与看护悉心地照料了她十年,直到1984年,艾拉离开人世。

"如果不是母亲,我一定会迷失。"虽然奥黛丽始终觉得母亲有时会有些过于冷漠,但她知道,母亲很爱她,只是不懂表达,她这一生都将母亲当作自己的良心,当作互相依靠的臂膀。

从奥黛丽说出,她觉得母亲并不爱她,到她无数次为母亲辩解"我知道她爱我",经历了漫长的和解之途。但这并不是她人生唯一需要释怀的,关于父亲,她需要更多的时间和更广阔的胸怀,去与他和解,与过去的自己和解。

我们的人生,大概就是行走在这样一条道路上:年少时磕磕碰碰,成长中学会疗伤,最后用半辈子的时间抹掉心中最深的伤痕,那时候就算是明白人生百味,懂得淡定生活了。

第一章
在废土上开出一朵花

CHAPTER 2

父亲在年少时的不告而别，让奥黛丽一生都在怀疑爱和婚姻。旁人看来，这个天使般的女孩，是那个时代最耀眼的一抹亮色，生来就该拥有公主般的高贵和自信，实则，奥黛丽始终都不够自信。

她始终不敢相信能够得到真心的、永恒的爱，若有人愿意对她说"我爱你"，她首先不会觉得甜蜜，而是万分感激。而在恋爱中，她也总是患得患失，不敢安心。

她曾经长时间地把父母的分离看作自己的错误，在内心不断质问和怀疑：是不是我不够好，是不是我不值得被爱，所以父亲才会离开，才会如此冷漠？

这个问题长久地困扰着她，尤其是困扰着她的感情生活。父亲，成为奥黛丽一生都无法释怀的痛。

抛弃家庭后，罗斯顿并没有见过奥黛丽几次，失散前的最后一次会面，是在二战前期的一天。他们在一座农场短暂地度假，得知英国对德国宣战后，罗斯顿将女儿送上了一架前往荷兰的飞机，从此便再没见到了。

儿时越是崇拜父亲，她在父亲身上得到的伤害也就越重，所以成长中的芥蒂就越深。越是在意，才会在求而不得之后显得越冷漠。所以多年后，当奥黛丽有机会再次见到父亲时，她的情绪似乎显得异常冷静。

那是1959年，奥黛丽的丈夫梅尔·费勒一手促成了他们父女之间的相见。

梅尔对奥黛丽的情绪有所觉察，他认为罗斯顿当年的离家出走，给

奥黛丽·赫本传
用灵魂亲吻世界

奥黛丽留下了难以消弭的阴影，也许他们有必要再次见面、联系，解决遗留的心事。于是，通过红十字会，他很快寻找到了罗斯顿。

罗斯顿对这一切似乎并不意外。事实上，他虽然没有跟奥黛丽联络，但通过报纸和媒体，他一直了解着女儿的生活。接到电话之后，罗斯顿欣然同意了见面，但他的情绪还是那样冷漠，只是简单地回应说：

"很高兴可以再次见到奥黛丽。"

他用着英伦绅士惯用的、极端疏远的礼貌用语，仿佛电话那边是个毫无关系的、需要自己维持社交体面的陌生人。即将见到自己许多年未见的女儿，对罗斯顿来说似乎并不是非常值得激动的事情。

他们在午餐前见面了。罗斯顿老了，也不再如年轻时那样意气风发，穿着破旧的大衣，有掩饰不住的落魄，但他还是一脸的骄傲。

奥黛丽和父亲相顾无言地站了一会儿，她还在等待着父亲向她张开双臂，给她一个久别的拥抱，可是罗斯顿毫无反应。

那一刻，时间仿佛回到了十几年前。那时候奥黛丽是多么期待着能见到父亲啊！每一次他回家的时候，奥黛丽总会冲上去给他一个拥抱，即便他从来都是冷漠的。这一次，还是奥黛丽先伸出了手，她拥抱了自己的父亲，仿佛从未分开过一样，仿佛自己一直是个父亲宠爱的小女儿。

这一次她的拥抱，不仅是拥抱了久违的、未曾得到的亲情，更是拥抱了年幼的自己。罗斯顿一生都没有学会表达爱，他在情感上有难以克服的障碍，但奥黛丽已经不再纠结于此，她用这一个拥抱表达了自己的态度——她选择了宽恕。

宽恕那个缺席自己童年的男人，宽恕过去那个缺爱的自己。

第一章
在废土上开出一朵花

此刻她如愿以偿了。那次会面，在一种刻意的、体贴的轻松中度过，许多次奥黛丽都想流泪，但她克制住了自己的冲动，因为她担心这样会让父亲感到内心愧疚——哪怕她心知对方也许不会有这样的感受。

他们仅仅会面了一个下午。中间，梅尔借机离开了一会儿，想给他们单独相处的机会，而回来后，只有奥黛丽站在那里，对他说："我们可以回家了。"

罗斯顿走了。

他到底跟奥黛丽说了什么，或者有没有跟奥黛丽说什么，她从未提过。她只是沉默地面对这一次的会面，但她对梅尔亲口说，这次的见面解开了她的心结，她不需要再跟父亲会面了。

曾经她总是在抱怨这个男人，这个抛弃妻女、在最艰难的时候音讯全无的男人。所以，她也总是牵挂着他，想看看他在失去家庭、孑然一身之后过得怎么样。到底是爱还是恨比较多，也许奥黛丽都说不清楚。

但是当真正见面时，她才发现，罗斯顿老了，而她也再不是当年那个需要父亲的小女孩了。

一切都过去了。时过境迁，她学会了与自己的执念和解。

我们终究要学会跟自己和解，如同奥黛丽一般。因为时光也不会让一切变成我们想象的样子，那些缺席了我们人生的人，也许从来都没有变得更好，如同从未懂得表达爱的罗斯顿，所以我们只能自己释怀，放开紧握过去的手，去拥抱未来。

唯有这样，才能抛掉一身伤痕，拥抱幸福。

CHAPTER 3

与对艾拉晚年的悉心照料不同，后来的许多年里，奥黛丽只见过罗斯顿一次，她邀请他来瑞士的家里度假。

她应该是希望父亲看一看自己的生活，看看她的儿子，让他知道自己的女儿奥黛丽过得不错。不过之后，他们就再也没见过。

但她始终跟罗斯顿有着联系，为他提供了足够的资助，使他可以安享晚年。

她没有拒绝赡养这个不负责的父亲，因为她坚持自己的原则，只要是应该做的，即便自己曾经受过再严重的伤害，也不能拒绝去做。

她始终是个有原则的姑娘。

这样平静的、心照不宣的相处维持了一段时间，这期间奥黛丽跟梅尔也离婚了，刚刚开始跟罗伯特·沃尔德斯交往。有一天，罗斯顿病重的消息突然传来，医生说，他已经坚持不了太久了。

他们在一起度过了最后的时光。罗斯顿已经意识不清了，他拉着奥黛丽，充满骄傲地谈论着自己的马，事实上当时他已经没有什么马了。

他的一生是个悲剧。虽然他不如传记中所说的是个体面的银行家，也从不热衷于工作，看起来是个十足的不务正业者，但他其实也是很出色的。他拥有很高的艺术天分，是个非常优秀的驯马师，会开滑翔机，还会说十几门语言——他是一个落拓的天才。

可能正是这些天分让他始终骄傲、自视甚高，却因为现实而蹉跎，因此有了暴躁、激进的个性。而在晚年时，他也只能一遍遍跟女儿讲述

第一章
在废土上开出一朵花

着自己最辉煌的过去,仿佛一切都还是最好的时候。

他似乎在人生的最后阶段,才学会表露自己的内心。罗斯顿对正跟奥黛丽交往的罗伯特一遍遍地说,自己很爱奥黛丽,自己始终因为没有当好一个父亲而感到愧疚遗憾,而现在,他为女儿感到骄傲。

这一切,他都无法当着奥黛丽的面说出口。

他与艾拉多么相似,都不懂得对自己的孩子说出爱意。

一个孩童在人生的开始,跟父母建立怎样的情感纽带和亲密关系,会影响他们未来一生对情感的认识。如果不是奥黛丽学会了逐渐与自己的遗憾和解,她一生都将迷失在情感匮乏的状态里面。

这种匮乏,是任何人都无法弥补的。

她曾经因为父母的不善于表达、因为父亲的抛弃而痛苦,逐渐变得自闭、内向;她也因此在后来的感情中患得患失,甚至潜意识里都想要寻找和自己经历相似的爱人,以实现感情上的互相取暖;她不再善于表达自己的感情需求,因为她怕给别人带来负担,所以哪怕再喜欢,也只会等待别人主动给予,从不表露出来……

这些,都是曾经的伤疤给她留下的影响。哪怕奥黛丽聪明地、积极地选择了将一切释怀,但个性上的烙印永远存在,不可更改。

不要耻于说爱,它没有那么难言。

枪炮与玫瑰

CHAPTER 1

奥黛丽的童年生活似乎从未与"安稳"二字相关。

如果说父亲的出走只是给予了她情感上的打击,那在战火中艰难求生的日子,则给奥黛丽在精神、物质上都带来了巨大的影响。

她在战争的硝烟里经历了血与火的淬炼,成长为一个坚毅的少女。

而在战火中成长的每一步,都像美人鱼行走在刀尖上一样,让她在痛苦中蜕变。

1939年9月,德国闪击波兰,第二次世界大战在欧洲战场上拉开了序幕。

听到战争的消息时,奥黛丽正和母亲艾拉在英格兰海边度假,听闻战争,她们踏上了前往荷兰阿纳姆的飞机。荷兰是一个中立国,没有人认为它会卷入战争。

此时的奥黛丽不知道,自己前往的阿纳姆也并不能给她一个安宁的未来。她们在那里度过了短暂愉快的半年,刚刚失去妻子的外祖父欣喜于女儿艾拉的前来,也给予了奥黛丽足够的爱意和关注。她在父亲那里没有得到的爱,在母亲那里没能弥补的冷漠,都在外祖父这里得到了宽慰。

不夸张地说,外祖父承担了少年时期的奥黛丽所需要的父亲的角色。

1939年的圣诞节,大概是最美好的回忆。虽然外部战火纷纷,但阿

第一章
在废土上开出一朵花

纳姆的住所中依然弥漫着安宁与幸福,许多人和奥黛丽一起度过了这个节日。其中也有奥黛丽极为崇敬的亲舅舅——他是一名热爱和平的法官,在当地享有很高的声誉。

然而,此刻还在与奥黛丽庆祝圣诞节的舅舅,在三年后,就与奥黛丽的表兄一起被纳粹抓捕,枪杀在他们的面前。

战争终究还是捣毁了这个和平的角落。

CHAPTER 2

而彼时的荷兰人并没有想到这些,他们大多数还对战争无法感同身受,只缩在安宁的一隅,希冀着能保护这仅有的和平。

直到1940年的5月,德军正式进攻荷兰,轰炸了鹿特丹。这个百多年间都没有经历过战争、长期维持中立的国家没有多少抵抗的能力,很快就投降了。

德军的卡车开进了阿纳姆,一切都开始变得更加糟糕。

一开始还维持着表面的和平,只是对物资管理得更加严格。一切德军可能需要的生活用品,都变得紧俏起来,必须通过分配才能拿到,因为多余的物资都将被征集起来,送往军队中。人们的生活开始变得紧巴巴的,而原本这是欧洲生活水平比较高的地方,大家都过着祥和富足的日子。

如今在战争中,他们也只能选择忍饥挨饿,或者做出一些不体面的事情了——譬如砍伐公园的树木来取暖,或者搜刮那些没有人住的空屋子,以期获得一点儿有用的东西。

物价飙升,粮食成了战争时代最为重要的物资,而奸商们则开始倒买倒卖，贵重的财物在他们那里甚至换不来几个面包，一条昂贵的珍珠项链，甚至都不能让一个人吃饱两顿。

即便身为贵族，奥黛丽的外祖父一家也很难在战争中保住自己的财富。财产都被充公了，仅剩的一些首饰珠宝，也为了维持生计而廉价变卖。

但这都不算是最令人恐慌的，如果金钱能够买来活下去的机会，相信没有人会吝啬自己的万贯家产，但有些时候，生命就是这样脆弱，尤其是当它拿捏在别人手中时。

站在生与死的边缘，年少的奥黛丽过早地见识到了残酷的战争，这对她未来的一生都影响深远。

占领阿纳姆的德军并没有发起大规模的战斗，但这并不意味着没有流血和牺牲。

一开始，他们向反抗入侵的人们挥起了屠刀。当时阿纳姆所有的通信方式都已经被德军控制，一旦有人表达对德军的反对，就有可能被德军逮捕。艾拉出于安全考虑，并没有表现出任何反对的意见，但她的一位兄长和堂弟，就因为表达了对纳粹的不满和对德军的反抗，被判处了死刑。

没过多久，德国人又开始"清算"生活在荷兰的犹太人。犹太裔的学生不能上学了，学校里也不能再聘用犹太裔的老师，而这只是个开始。等到1942年，犹太人已经完全失去了自由，一旦被发现就会被送到臭名昭著的德军集中营。

犹太人被逮捕的场景深深地烙印在奥黛丽的回忆当中，一直到许多年之后，她还对此记忆犹新：

第一章
在废土上开出一朵花

"……一家人都会被拖入灵车,那其实就是一种木制的货车,人们只能坐在木板上,所有人的脸都朝向外面,就那样看着你。"

这样的场景永远地留在了奥黛丽的脑海里,她仿佛一直能看到犹太人焦急绝望、茫然无措的表情,或是听到他们惴惴不安的哭泣声。尽管那时候她才只有十多岁,但人性的残酷已经在她面前展露无遗了。

为了安全,她甚至一度改换了自己的名字,将母亲艾拉的证件稍微修改,变成"艾达",作为自己的身份证明。因为"奥黛丽"这个名字,在当时的荷兰实在非常少见,而少见就意味着危险。

不论是被当成犹太人还是被看出是英国人,对这个年少的女孩来说都不是一件好事。

CHAPTER 3

1942年,这一年在奥黛丽的人生当中意义非凡。在不久之前,奥黛丽参军的大哥亚历克斯失踪了,虽然后来他们知道,他在荷兰投降后被俘房,机智地趁乱逃脱并一直躲藏到了与他们重逢,但在当时,他们都以为亚历克斯死了。

而这一年,幸运没有降临,二哥伊安作为年轻又英勇的反战人士在阿纳姆的街头被逮捕,送往德国做劳工。

不幸中的万幸是他们最终都活了下来,而奥黛丽所崇敬的舅舅与表哥却没有等到曙光的降临。

这一年的夏天,因为荷兰地下军的反抗,德军彻底被激怒了,他们开始抓捕对纳粹有意见的平民,舅舅和表兄以及当时的邻居,被枪杀在他们家人面前。

那是曾经给予她关怀的人，是她们在战时所依赖的亲人，却就这样永远地离开了。

在后来的许多年里，每当奥黛丽谈论起德军对犹太人施加的暴行，对自己的亲人施加的折磨，都会一遍又一遍地重复："那些都是真的，一切比你想象得更加残酷。"

因为她知道，没有经历过这样苦难的人，很难想象这到底是怎样一种地狱般的场景和经历。

惶恐不安伴随了她整个年少时期，她常常会担心自己是否也会突然失踪，或者像自己的兄长一样被安排去做劳工，抑或像舅舅一样失去生命。在生与死之间挣扎着，恐惧着，那一年她才只有十二岁。

也许正是因为经历过这种极端的恐惧，经历过无数次在生死之间的思考，人才能迸发出莫大的勇气和信念。荷兰，这个国家曾经因为未经战火而变得软弱，所以几乎未曾抵抗就宣告投降；但荷兰的人民也因为经历了压迫而不断反抗，甚至显现出一种令人吃惊的韧性，施加在他们身上的压迫越重，他们反抗得就越激烈。

奥黛丽和自己的兄长一样，也在反抗的过程中做出了自己的贡献。她的恐慌逐渐演变成无所畏惧的勇气，正因为曾经看着自己的亲人被纳粹杀害，所以在危难时刻表现出镇定，正因为在战火中变得一无所有，所以才开始无畏生死。

没有人天生就可以从容不迫，任何人的淡定都源于他们的阅历，正因为经历过这世上最残酷的事，见识过人性最黑暗的一面，才让奥黛丽在之后的人生中，始终保持着宽宏、冷静、勇敢和从容。

她早已经历过这世上最大的恐怖，也就无畏其他了。

一个倔强女孩的抗争

CHAPTER 1

极少有人知道，二战时期的荷兰是怎样的情形。它是整个欧洲被德军占领最久的国家之一，最先被侵略，最后被解放。

奥黛丽的少年时期便在这里度过。漫长的战争时光里，沉默的阿纳姆小城目睹了这个女孩磕磕绊绊的成长，看着她如何抛下贵族的身份，以一个普通女孩"艾达"的身份，于战火中求生，绽放出玫瑰般动人的色彩。

砖木无言，却永恒地铭刻了她来过的痕迹。

年少的奥黛丽骨子有一股倔强，她像一头无所畏惧、野蛮生长的小兽，越是承受重压与禁锢，便挣扎得越激烈，宣告着她的灵魂永远自由。

这种倔强在后来的时光中偶尔也会展现出来，一生都未消失。只是那时候，她已经学会了用完美的微笑与温柔，来掩藏内心的倔强不安、特立独行。

她十一岁开始练习芭蕾舞，一接触便喜欢上了。对奥黛丽来说，那段时光是痛苦的，充斥着父母的争吵、父亲的漠视和不告而别，外界动荡不安，与母亲兄长颠沛流离，每一天她都涌动着万千情绪，却被迫压抑着不能表露。

惶恐、愤怒、求而不得、悲伤痛苦，她的情绪需要一个出口，而舞蹈是最好的方式。

艺术是能让人忘却忧愁的，我们可以在精神的世界里得到圆满。所以，艺术家往往感性敏锐，生于忧患，却有着温暖的灵魂。奥黛丽也是如此，如非后来的意外，她本该成为一名出色的芭蕾舞者。

芭蕾让她找到了依傍。所以，她用十二万分的坚持来对待自己钟爱的事物。没有什么能逼迫她放弃，哪怕是蔓延在身边的战火也是一样。

这是独属于一个小女孩的倔强。

纷乱的时光里，她已经学会了苦中作乐。一有时间，她就会把附近的小孩子聚在一起，在寄住的外祖父家里跳芭蕾。他们都是小小年纪的奥黛丽的学生。

"我的学生什么年纪的都有。"多年之后，她还能带着怀念、无比清晰地回忆起当时的细节，那给她带来了微小却永恒的快乐。"每上一节课收五分钱。"奥黛丽说。

对于她的这份"事业"，外祖父是最大的支持者和赞助人。他甚至还把家里的大厅改造成了芭蕾舞房，专门在墙边装上跳舞时候扶着的把杆。漂亮的大理石地面曾经是尊贵富有的象征，现在，是奥黛丽和学生们的舞蹈场所。

所幸还有亲人，无私关怀着她。

第一章
在废土上开出一朵花

CHAPTER 2

少年时为数不多的安稳时光很快过去了。德军在欧洲大陆横行无忌，到1944年，大多数欧洲国家几乎都已沦陷。为了支撑军队的开销，所有沦陷区的百姓都必须向德军提供食物、财产，甚至是劳动力。

而此时，荷兰爆发的大规模肺结核，使一切雪上加霜。

奥黛丽一家的生活早就处于崩溃边缘，如今急转直下。吃不饱肚子已经习以为常，而奥黛丽不能忍受的是精神上的一点儿依凭也要被苦难夺走。

原本的舞鞋早在日复一日的练习中损坏，但也没有新舞鞋可以穿。为了能继续跳舞，才十几岁的小姑娘，便做出了一个忍受痛苦的坚定抉择——就算是穿着木头削制的舞鞋，也要继续跳舞。

她是多么热爱舞蹈，热爱用舞蹈来表达自己的情感，以肢体说出那些不能言语的情绪！只有最极端的热爱，才能让人在无路之中走出一条路来，哪怕是选择在刀尖上舞蹈，也义无反顾。

小人鱼为了爱情选择行走，每走一步便承受锥心的痛苦。奥黛丽年少的爱情，便托付给了她最喜欢的舞蹈，即便穿上木舞鞋折磨自己的肉体，也要得到灵魂的解放。

这个选择，便是在追求自己精神的圆满。

我理解她的倔强，而那时的人更理解她的选择，因为，自由的灵魂都殊途同归。

二战时期，音乐家梅西安创作了自己的四重奏曲《时间尽头》。这大概是全世界最奇特的四重奏,既不是弦乐曲,也不是钢琴,而是一个不伦不类的组合——小提琴、单簧管、大提琴、钢琴。如此古怪,稍懂古典音乐的人都要摇头,但这却是一部真正的传世之作。

这首曲子,诞生于离奥黛丽所在的荷兰阿纳姆千里之外的纳粹集中营。第一次表演,也是在集中营中。

演奏者都是梅西安在狱中的难友,他寻来寻去,只找到了小提琴、大提琴和单簧管演奏者,而他则负责弹奏一架残缺的钢琴。

在最恶劣的环境里,用最简陋的乐器,却不妨碍他们奏响人类的灵魂之音。《时间尽头》并不是一首挽乐哀歌,在令人窒息的死亡气氛里,你可以从中听到爱,听到每个人都在绝望中等待希望的信念。

高尚的灵魂,永不放弃,永远美丽;倔强的骨头,便是被焚化,也会变成一缕青烟直冲九霄,而不是沦入污沼。

就像《泰坦尼克号》中,巨轮沉没前依然在大厅动情演奏的乐队,与驻足欣赏的乘客一样,总有些人会在时间尽头,选择一条精神救赎之路。艺术,便是人类灵魂的最终皈依之处。

精神的世界,殊途同归。奥黛丽虽然年少,但已经学会了如何用自己的方式,在废土一般的环境里开出精神的花朵。

她是这样不肯服输,从不向生活和苦难妥协。

CHAPTER 3

纳粹的铁蹄令欧洲低头,却不能让这片土地上的人民俯首帖耳。

哪怕奥黛丽还是个小姑娘,也一样在反抗纳粹上付出了自己的力

第一章
在废土上开出一朵花

量。若说她是一个斗士，也是不为过的。

多年后，很多人都会问她一个矛盾的问题：你是否帮助过盟军抵抗纳粹？你的父母是不是法西斯？

这两个问题，她都坦然地回答——是的。也许在许多人看来，曾经支持过法西斯的父母是奥黛丽的污点，但事实上，在法西斯刚出现时，人们也不过把它当成了一个新兴的、进步的政党，在当时吸引了许多精英加入。但战争爆发后，她的父母没有迫害过任何人。

战争中，他们也不过是曾经做出错误判断的平凡人罢了。

而在奥黛丽的眼中，纳粹是她永恒的敌人。

她在外祖父家长大，舅舅和表哥是比父亲还要亲近的人。因为母亲家族被怀疑有犹太血统，不仅奥黛丽和妈妈东躲西藏、胆战心惊，舅舅与表哥也被纳粹杀害了。

可她失去的亲人还不止他们。

她有两个同母异父的兄长，他们也很关爱自己的小妹妹，小时候的奥黛丽是他们的小尾巴，常常跟在他们身后探索这个未知的世界。

而战争让一切都不复存在。大哥亚历克斯被军队强征入伍，从此失去了音讯；二哥伊安被强征为苦力，后来成了反战人士，奔赴在抗战的道路上。

从此，年少的小姑娘心中便种下了同样反战的种子。凭借着一腔勇气和宁折不弯的性子，她做了很多成年人都做不到的事情。

那时的奥黛丽还在艺校上课，学习舞蹈和音乐，哪怕是在战火连天的阿纳姆，妈妈也没有放弃对她的教育。借这个机会，奥黛丽和自己的同学偷偷在私下表演，募集捐款送给反抗军。

她在一个小小的隐蔽舞台上，跳着自己最喜欢的芭蕾舞。这一次，舞蹈不再单单是她寄托情绪的方式，更承载着千斤重的家国责任。她没有别的东西了，阿纳姆的家早已被查抄，昔日贵重的黄金宝石、珍珠首饰也遗失殆尽——更何况，那些本就不属于一个小女孩。所以，她只能拿出自己最宝贵的才华，尽其所能地为反战付出。

观众们就在台下看着孩子们的舞蹈。他们哪怕精神是欢愉的、快乐的、放松的，也绝不能表现出一丝一毫来。因为任何表达肯定和欣赏的方式，譬如礼貌的鼓掌、激烈的喝彩，都可能引来纳粹的关注。他们只能悄悄地、沉默地欣赏着一场场隐秘的精神盛宴，然后悄悄地把钱塞给表演完的孩子们，再默默离去。

做这一切，都是有风险的。

但奥黛丽从没有因为风险而退缩过，那个她一生中最简陋无比、不能声张的舞台，是她最爱的舞台。在成名后的多次采访里，她都坚持这个说法，她说，自己一辈子最爱的观众，就是那些在表演结束后不鼓掌的观众。

——那些观众，曾经见证了一个小女孩的倔强勇敢，曾经与她站在一条战线上。

募集来的钱要交给反抗军，并不是一件简单的事情。但是聪明的孩子们有自己的办法，奥黛丽他们从观众那里筹集了钱，就悄悄地塞进自己的舞鞋里面，然后假装成天真烂漫的普通儿童，去跟反抗军的联络人见面。

第一章
在废土上开出一朵花

他们可能在公园里汇合,也可能在公交车上碰面,然后假装不经意地将募捐来的钱款交给对方。

这样的场景听来是没什么惊奇之处的,与影片里谍影重重的紧张刺激全然不同,但在德军高压统治的时期,这就是在枪口前舞蹈。

一旦被发现,只有死亡。

可年少的奥黛丽似乎从没有怕过。她做了自己的反抗,而在后来的一生中,她都有资格在别人的询问面前昂首挺胸地说:我曾经为反抗纳粹付出过行动。

哪怕那时候她还是个小女孩。

有评论家曾经说过,勇敢的荷兰人为了帮助盟军,甚至情愿付出生命的代价。而奥黛丽就是如此,此刻来自母族的血液在她体内流淌,家仇国恨,让她一直不曾屈服。

她一直是这样的女人。即便后来的许多年里,她学会了从容不迫、优雅独行,学会了在聚光灯前伪装自己,学会了用温柔的态度化解一切问题,那个倔强的灵魂,却依然没有远去。

于绝望中再出发

CHAPTER 1

若没有诸多意外,奥黛丽本可成为一名出色的芭蕾舞者,甚至是享誉世界的舞蹈家,这也是这个女孩坚持多年的梦想。

即便是在战争时期,她也没有放弃继续跳芭蕾。舞蹈甚至成了灰暗时期她生命中唯一的亮色，只要提起芭蕾舞，再艰难的时刻也充满了温柔浪漫的色彩。

1940年5月，这是一个令人快活的日子，奥黛丽期待已久的、全英国最好的芭蕾舞团即将来到荷兰演出。威尔士芭蕾舞团所有的演员在这次演出中展现出了世界顶尖的水平，这场艺术盛宴给当时惴惴不安的荷兰人带来了一丝宽慰，大家沉浸在艺术的美好当中暂时忘却了外界的纷扰。

其中就有一个兴奋的少女，这场舞蹈再一次唤醒了她内心的芭蕾梦，她就是奥黛丽。

看着舞台上演员们翩翩动人的优美姿态，感受着艺术传达给人们的美，奥黛丽感到迫不及待，她幻想着自己也在那个舞台上跟随舞者们起舞。

母亲艾拉一直知道奥黛丽拥有多么强的艺术天赋，她也赞成并支持女儿追求梦想，毕竟这曾经也是自己的一个未能实现的梦。

一向喜欢打击奥黛丽、不希望她出风头或引人注目的艾拉，却从来没有打击过她追梦的念头。威尔士芭蕾舞团的演出结束之后，艾拉作为银河协会的主席，负责接待演员们。在宴席上，她主动向别人提起了自己的女儿，说奥黛丽渴望成为一名舞蹈家，她在这方面是多么有天赋和热情。这大概是为数不多的几次，艾拉在夸赞奥黛丽的时候滔滔不绝。

她终归还是爱着她，支持她的。

1941年，艾拉送奥黛丽参加了阿纳姆艺校的舞蹈班。

"我一开始在荷兰上舞蹈课的时候，全心全意想当一个芭蕾舞明星。"这是当时的奥黛丽单纯的想法，而一直到许多年之后，当它永远成为一个遗憾，奥黛丽还是清楚地记得自己当时的执着和简单追求。

第一章
在废土上开出一朵花

那时的学校已经不再是以前了。犹太籍的教师被德军从学校当中清除了出去，所有不愿意与德军合作、不愿意屈服于这种压迫的老师也都不见了踪影。教科书也变了，上面充斥着具有政治教育色彩的内容，许多学生退学回家，留在这儿的也大多数无心学习。

这是一个极其动荡的时期，但即便在恐慌中，奥黛丽也没有放过任何一个可以学习的机会。她不仅有足够的天分和才华，而且非常努力，即便外界如此动荡，明天尚不知在何方，但只要能够沉浸在自己所爱的事情当中，每一刻都是可以全神贯注的，每一次都是可以倾尽全力的。

没有不需要努力就能成功的天才，有热情有才华的人，往往更愿意为自己所爱的事情奉献全部的时间与精力，正如此，他们才能够到我们

奥黛丽与一生热爱的芭蕾

羡慕的高度。

没有人的梦想是可以只挂在嘴边却不付出努力的,当我们倾慕于奥黛丽的优雅,很少有人能想到这是她数十年如一日练习芭蕾的成果;当人们觉得她能够得到许多人的青睐,实在是足够幸运时,却往往注意不到,只有足够的努力才能带来获得别人青睐的资本。

在艺校的时候就是这样。奥黛丽因为自己的天分和努力,很快成为薇佳·马洛娃的学生,这位老师是一名首席芭蕾舞演员,拥有极高的眼光和专业素养。而她对奥黛丽的表现赞赏有加,在她眼中,这个女孩天生就有一种令人瞩目的魅力,又有极高的舞蹈天赋,更难得的是她那强烈的学习欲望。

唯有天赋足够又不懈努力的人,才有机会成为舞台上最为耀眼的明星。奥黛丽做到了,且一生都在坚持和贯彻自己的原则,以严肃的态度对待自己的事业,才成为荧幕上永恒的天使。

CHAPTER 2

她既不缺勤奋,也不缺天分,但唯独缺了一点儿时机。

相对于一个演员漫长的职业生涯来说,芭蕾舞演员的最好时光要短暂得多。尤其是在成长阶段,她们必须小心谨慎地维持体型来度过发育期,才能在年轻的时候抓住最好的机会,在舞台上崭露头角。

而战乱,贯穿了奥黛丽芭蕾生涯的最好年华。

长期缺乏营养耽误了她的身体发育,导致她在未来一直耿耿于怀自己过于平板瘦削的身材。一开始只是食物不足,但那就已经十分影响奥

第一章
在废土上开出一朵花

黛丽的舞蹈训练了。

有一次在上舞蹈课的时候，因为吃不饱，她感到浑身无力，骤然晕倒在地。等她醒来的时候，发现身边是舞蹈学校的门房。门房责备了她，一个学习舞蹈的孩子怎么可以挨饿呢？说完，门房就转身从自己的衣柜里拿出了一个储物盒，里面是他存下来的乳酪。

他曾经想着，存下的这些乳酪以后可以用于某些正义的事业。这些被门房省吃俭用留下的珍贵食物，此刻被转交到了奥黛丽手里，因为他觉得，帮助一个追求梦想的孩子，就是这些乳酪最好的用途。

不幸中总能找到一些幸运，如同这个善良的门房为奥黛丽带来的帮助。但在环境的不幸当中，个人短暂的幸运往往很难维持。

即便奥黛丽对于芭蕾舞的热情那么高，她甚至愿意通过舞蹈来为反抗军筹款，她对舞蹈的热爱克服了对德军的恐惧，她也很快不能坚持下去了。

她必须要短暂地放弃舞蹈，因为生活变得越来越艰难，活下去成了唯一的意义。

荷兰人的生活变得越来越糟糕，有时每人每天只能吃一片面包，或者喝一碗马铃薯汤，熬下去就能活下来，熬不过去就会因为饥饿或者疾病永远离开。此刻的人们已经完全不在乎那些身外的财产了，什么房子、金钱、一个家族几代积累的财富，甚至都比不上一袋粮食重要。他们挣扎着想要活下去，只是因为对明天还有所期待。

但曙光总是遥不可及。1944年9月，盟军和德军在荷兰交战，荷兰人民仅有的食物几乎都被掠夺得一干二净，而他们则被德军赶出了自己的家,强行迁到别的地方。

没有食物却还要强行赶路,几千人都在路上病饿而死。奥黛丽和母亲来到了外祖父在乡下的房子里,一切看起来似乎比过去平静了,但其实,伴随他们的只有无尽的痛苦。

这里空荡荡的,没有食物,他们常常一连几天都没有一点儿东西吃。奥黛丽患上了严重的黄疸,长期的饥饿让她的身体营养不良,两条腿因为浮肿甚至很难抬起。

能吃的东西,哪怕是郁金香的球茎,也都被人珍惜地吃掉,实在饿得不行了,睡觉就成了最奢侈的享受。因为奥黛丽听说睡着了就不饿了。

在这段艰苦的时间里度过了自己的发育期,她的身体受到严重的创伤。哪怕战争结束,一家人再次团聚,生活变得稳定起来了,奥黛丽也长期处于瘦骨嶙峋的状态。营养不良与贫血伴随了她许久,而这只是战争给她留下的一部分伤害罢了。

更要命的是,身体上遭受的苦难,让她再也无法成为一个完美的舞者,再难实现自己的芭蕾梦想。

CHAPTER 3

1946年,奥黛丽一家在阿姆斯特丹租赁了一间小小的公寓。尽管他们已经一无所有,母亲艾拉还是希望奥黛丽可以回到芭蕾舞学校学习,为此她不惜放下自己贵族的骄傲,找了一份厨师的工作来供养奥黛丽。

在芭蕾舞学校,奥黛丽的第一个老师是著名的舞者桑尼雅·盖斯凯尔。当看到高挑瘦弱的奥黛丽时,盖斯凯尔的反应和其他许多专业的芭

第一章
在废土上开出一朵花

蕾舞者一样,只感到遗憾和叹息,并不觉得她能够学好芭蕾舞。

芭蕾是一种消耗体力的舞蹈,瘦弱的奥黛丽看起来并不能够承担这种强度。而在当时,娇小灵活的芭蕾舞演员更受主流社会的青睐,奥黛丽近乎一米七的身高会让她显得笨拙,这是极不标准的。因为战争耽误了她的学习进度,她也错过了最好的年龄。

即便如此,盖斯凯尔还是收下了奥黛丽,破格的原因很简单——这个身体条件不算好的少女,有着超乎寻常的勤奋,和令人惊叹的经历。

听说她曾经在战火的纷扰当中,坚持跳舞来募集军资,暗中支持反抗军,盖斯凯尔被这种情怀和勇敢所打动了。

我们在追逐梦想的道路上所付出的每一分努力都是值得的,如同奥黛丽曾经的坚持。也许在当前你看不到什么回报,但在未来的某一天,所付出的汗水会起到出乎意料的作用。

只管前行,莫问得失。

即便盖斯凯尔始终不认为奥黛丽能够成为一炮而红的芭蕾舞演员,但她依旧大力培养奥黛丽,甚至让奥黛丽和自己最得意的门生一起表演,就是因为被奥黛丽的精神打动。

除了努力之外,奥黛丽还有另外一个优点,就是具备明确的目标。在同龄的女孩们还在迷茫,或为了玩乐而学习芭蕾的时候,奥黛丽已经有了自己的追求——她想要成为真正的芭蕾舞者。因为有了目标,向着这个方向不断努力,她才能展现出超乎常人的韧性。

当然,艾拉的付出也是不可忽视的。她对女儿关于职业生涯的一切选择都报以无条件的支持,还会送给她音乐会的门票作为礼物,这对当时的她们来说是十分昂贵的。

在梦想面前,她们都没有放弃。

后来,奥黛丽与艾拉前往伦敦求学,盖斯凯尔将奥黛丽推荐到英国极具影响力的舞蹈家玛丽·兰伯特那里。兰伯特是一位非常严肃的老师,跟她学习的训练强度很高,但无论怎样艰难和辛苦,奥黛丽都坚持了下来。

但她的芭蕾梦并没有因此实现,有些残酷的现实终究还是要正视——

兰伯特告诉她,她太高了,开始训练的年龄也太晚,已经很难成为一个芭蕾舞明星。在这条路上走下去,她最多可以成为一名教师,或者在某个小剧院里担任演员。

二战让她永远错过了成为一个舞蹈家最好的时机。

乍一听到这个消息,奥黛丽觉得自己的人生完了,在宿舍里她甚至几乎想要寻死。在过去的许多年里,芭蕾不仅是她的梦想,也是支撑她在艰难的时刻活下去的希望,而现在,在人们终于迎来安宁的时候,她的梦想却破灭了。

但面临这样的打击,奥黛丽并没有自暴自弃,否则我们现在也无法认识这样一位优雅的女人。天总无绝人之路,任何人在任何艰难的情况下,都能够走出一条属于自己的生路来,哪怕是在希望破灭的时候。

坚持,乐观,努力,任何时候都没有错。

即便遇到了这样灭顶般的打击,即便过去所有的付出似乎都显得毫无意义,奥黛丽还是没有沉溺于痛苦之中。她很快振作起来,开始寻求另一种走上舞台的方式,就是成为一名演员。

而当她成为优秀的演员之后,多年练习芭蕾的优势也逐渐在她身上

第二章
你的魅力终将闪耀

体现了出来。她那如同天鹅一样优雅的脖颈、挺拔的身姿以及令人倾倒的魅力与气质,是多年练习芭蕾已经融入灵魂的东西。哪怕她在芭蕾舞的道路上已经无法再前进,但奥黛丽所付出的时间从来都没有浪费,它们以另一种方式给予了她最好的馈赠,让她成为那个独一无二的天使。

哪怕你也身处于绝望之中,请务必不要怨天尤人,去努力寻找新的通路吧!你所经受过的考验,所付出的时光,都会铭刻在你走过的路上,也铭刻在你的气质当中。

第二章　你的魅力终将闪耀

从配角到主角：没有人天生幸运

CHAPTER 1

当人们谈论起奥黛丽·赫本的时候，一定常用繁复的辞藻去形容她的天赋、才华和幸运，仿佛只有受尽万千宠爱的上帝之女，才能如同奥黛丽一般在自己的事业与生活里活成一个传奇。

然而，当你静下心来剥离那些表面的喧嚣和美好，在衣香鬓影之后，奔走着的是一个从未停止过努力的女人。

哪有人是天生幸运的呢？若真要计较起来，奥黛丽不仅不是个幸运的人，她遭遇的磨难和坎坷甚至比旁人更多。

如果没有战争，她本是贵族家庭里天真无虑的女孩，本可以凭借着努力和天分成为一个梦想中的芭蕾舞者，但这一切都成了泡影。

她活得那么努力，永远都倾尽全力地展露最好的一面，却始终在不断失去。

她所得到的赞誉与成就都是她应得的，她并没有多么顺遂的路途，哪怕是在相对顺利的演艺事业上，她也历经过许多考验。

从配角到主角，从出场不到一分钟的小角色到火遍大江南北，她在不断转变自己的思维，提升自己的能力，所以才获得了比别人更多的机会。

在一开始，接触演员这个行业对她来说只是一个意外。当时奥黛丽还在兰伯特那里学习芭蕾，但在伦敦的日子并不那么好过，尽管兰伯特给了奥黛丽奖学金，母亲艾拉也在努力地工作，压在她们身上养家糊口的担子依然很重。

所以，当她有机会参与一部喜剧短片的拍摄时，她表现得非常积极——这对她而言是个不错的工作，可以为她赚到足够的学芭蕾的费用。

这部短片叫《荷兰七课》，尽管最终影片上映之后的评价并不高，而奥黛丽在其中出现的时间连一分钟都不到，但她依然凭借自己独特的气质赢得了导演的赞叹。

当她走进导演的办公室表达自己想要找一份工作的需求时，导演对她的条件其实并不那么满意，毕竟他要拍摄的是短片，而不是音乐舞蹈片。但他深深被奥黛丽顾盼飞扬的一双大眼睛吸引，那一刻导演的职业眼光让他断定，这个女孩一定可以成为舞台上的发光体，这就是他要找的演员。

尽管奥黛丽当时并没有想要走上这条路，但她气质中的那种独到之处已经被人发现了。

美丽的女孩儿就如同藏在沙砾当中的金子，只要有优雅的气质与独一无二的魅力，哪怕暂时沉寂也绝不会被周围的人所忽视。

怀才不遇者大有人在，但更多的人不过是自视甚高、自觉有才罢了。

第二章
你的魅力终将闪耀

更多有才华的人,从不担心遇不到伯乐,因为他们的特立独行本身就是耀眼的。

与其担心无人认可,倒不如将时间用在自身的积累上,就如同奥黛丽,她的气质和自律让她永远不会泯然众人,哪怕放弃了芭蕾,也依然可以在另一条路上成功。

CHAPTER 2

在得知自己无法成为一名芭蕾舞演员之后,奥黛丽开始寻找新的出路,最终她选择参与各种音乐剧,转型成为一名演员。

或许她怀抱着能够跳舞的小希冀,因为在音乐剧中,她常常以舞者的身份出现。比如《塔塔酱》中,奥黛丽就本色出演了芭蕾舞舞者——这一次她终于拥有了几句台词。

观众也注意到了这个身为配角的女孩。尽管璀璨的聚光灯永远打在主角的身上,但是她的表现和其他的配角并不同,总是莫名地吸引别人的注意。与其说是天生的主角光环,倒不如说是奥黛丽身上那种充满少女奔放的生命力与舞者优雅气质的魅力,实在是比同台的其他演员优秀太多,人们的目光才会不自觉去追逐她。

同台的另一位女演员说:"尽管我在舞台上是胸部最大的,但大家却注目着一个平胸的女孩。"

在那个以性感评价女人魅力的年代,身材平板的奥黛丽能够在舞台上脱颖而出,实在是令人意外的事情。

她开始声名鹊起,得到了许多剧评人的关注和认可。这种来自外界的关注，只是激发了她对自己更高的要求，她开始在自己的职业生涯上投入更多的精力。

为了能够在舞台上表现出最好的样子，奥黛丽非常刻苦地工作。表演音乐剧跟跳芭蕾既相同又不同，不同之处在于这是一个全新的舞台，不管是表现技巧还是表演方式都与过去有很大差别，许多东西都要抛弃掉，从头学过；相同之处则是，和跳芭蕾舞一样，只要奥黛丽决定坚持下去，就一定会全力以赴。

拍摄《塔塔酱》系列音乐剧给奥黛丽带来的薪水并不多，仅仅能满足她最基本的生活，但她依然十分珍惜这份机会，并且乐于在工作当中感受快乐。

她像个小傻瓜一般只知道工作，有时候要忙到凌晨两三点才记得休息。当时，奥黛丽与同剧团的演员马赛尔·勒朋开始了一段秘密的感情，性格保守的她还没有来得及将感情公之于众，恋爱便无疾而终了——因为奥黛丽实在太专注于工作，她几乎没有时间去享受恋情的美好。

与现在荧幕上那些缺乏敬业精神、却依然可以光彩万丈的女演员不同，奥黛丽凭借着自己倔强、孤独又优雅的气质和漂亮的脸蛋，已经成为当时摄影师们的缪斯，总是被邀请登上各种杂志封面，但她并没有因此就变得不思进取与惰怠，而是依然在工作时投入十二万分的精力。

对于出身贵族家庭，性格倔强保守的她而言，成为一个有尊严的演员，得到世人的尊重和认可，是对她的事业最大的赞誉。她不在乎薪水高低，拿着售货员一样的报酬也可以十分快乐，但她非常爱惜自己的羽毛，愿意为了女人独立的事业而付出努力。

第二章
你的魅力终将闪耀

这是现在许多人都遗忘了的，珍贵的品质。

CHAPTER 3

尽管奥黛丽在表演舞台上的道路走得相对顺畅，评论家们对这个女孩儿的表现也都是褒扬居多，许多人已经断言她将来会成为一个大红大紫的明星，但她并没有因此而感到自满或止步不前。

与之相反，在舞台上浸淫了一段时间之后，奥黛丽选择拜专业的演员为师，学习关于表演的技巧。

她敏锐地发现，在舞台上表演短剧与跳芭蕾有一个极其相似的地方——尽管歌舞剧不必面对着观众表演，而是由摄影机来记录，但每一个动作与表情也都会被胶片忠实记录下来，任何一个细节上的失误都有可能传达给观众错误的观感，这是奥黛丽不能接受的。

她选择了当时英国戏剧界著名的演员菲利斯·艾尔玛来做自己的表演导师，这是一位德高望重、乐于指导后辈的绅士。奥黛丽在他那里学到了许多东西，尽管在艾尔玛看来，奥黛丽具有表演的天赋，她的姿态和动作都极富表现力和特色，根本不需要后天再进行死板的雕琢和训练。

她仿佛是上帝选中的演员，天生就要踏入这一行。

即便如此，奥黛丽还是选择提升自己，譬如改变自己过去平淡的语调，让自己的台词变得更有节奏感和感染力。

"台词不能死记硬背，要理解之后才能印象深刻。"她的台词功底大概就是从不断的学习当中练就的。

奥黛丽这样精益求精的性格，造就了她未来在演艺道路上的顺畅。

尽管她的努力永远在幕后，大多人都无法理解和感受，但表演上的提升是最直观的——那一个又一个经典的角色借由着奥黛丽的躯体，在银幕上变得鲜活起来，就是奥黛丽所努力的成果。

时间是公平的，经久不衰的作品一定出自精心雕琢的匠人之手，一个人若不能以最谨慎的态度来对待自己的事业，永远前行、永远学习、一直提高自己，就一定无法摘得最令人赞誉的成果。

奥黛丽·赫本则尽其可能地做到了最好。

走入金粉世界，需要一点儿勇气

CHAPTER 1

从音乐剧到影片，奥黛丽·赫本逐渐拥有了越来越多的出镜机会，也被更多的影评人所认识。

也因此，当新人惊艳的光环逐渐消失，挑剔的评论家们开始对奥黛丽以更加专业、苛刻的态度进行点评。那时的奥黛丽还没有真正步入演员的行列，她甚至没在镜头前说过多少话，更不可能有机会挑选多么绝妙的好剧本与角色。大多时候，做演员只是一份维持生活的工作，而她除了敬业地面对所要饰演的每个角色之外，没有更多的选择。

这导致一些平庸的影片给奥黛丽带来了不少负面的评价。比如她前往蒙特卡罗所拍摄的《蒙特卡罗宝贝》，就是一部典型的、令人过目即忘、情节简单的口水影片，并没有被多少人记住。

然而，祸兮福所倚，我们永远不知道机会什么时候就会到来。就如

第二章
你的魅力终将闪耀

同奥黛丽，最初她十分抗拒离开伦敦、前往蒙特卡罗，这部影片也没有给她带来什么事业上的帮助，但是她却因为这次工作旅行，结识到了意料之外的人，获得了未曾想过的机会。

她遇到了法国知名作家科莱特夫人，成为科莱特夫人钦点的舞台剧女主角，在大洋彼岸的美国崭露头角、一炮而红。

这部小说叫《琪琪》，舞台剧则名为《金粉世界》。

一个浮华美丽、宛若梦境的金粉世界，仿佛预示着奥黛丽即将迎来的未来——她即将真正走入电影圈，走入自己事业中的"金粉世界"。这个机会来得突然，短暂的爆红甚至令奥黛丽一时间难以适应。

谁能想象，一切的机缘就来自蒙特卡罗的这次拍摄呢？

有时候机遇就在那一瞬间，在一个你毫无觉察的时刻出现在你不曾注意的地方。此时，我们来不及做精心的准备，来不及戴上完美的面具，来不及以一个绝对满意的姿态出现在别人面前，只能凭借最真实的一面去应对。

所以，无须习惯伪装自己，你所要做的是将真实的自己打磨、提升到足够优秀的状态，机会自然会在你没意识到的时候就迎上前来。

如果奥黛丽没有天生的灵气、多年练习芭蕾的功底和在舞台上打磨出的娴熟，就不会在拍摄的时候意外吸引了旁边路过的老妇人。谁也不知道，这个坐在轮椅上、只是恰好路过拍摄地的老太太，就是七十八岁的小说家科莱特夫人。

她是个有着丰富阅历的女人，她的小说《琪琪》中很多细节就取材于自己的生活，所以，当《琪琪》要被编排为舞台剧时，科莱特夫人对女主角的选择尤为上心。她甚至在合约上写明,女主角必须要经过她的挑选才能确定。

这个活泼的、倔强的年轻女主角,不甘于成为母亲那样的交际花,她厌恶虚伪的上流社会,她不想成为有钱人的情人,却因为这样的个性,阴差阳错地得到了绅士的认可,成了他的妻子。

她是全剧的灵魂,科莱特夫人对这个角色的要求很高。

可到哪里能找到这样完美的角色,满足一向挑剔的女作家呢?一时间,导演、制片人等都陷入了焦头烂额之中。

直到这一日,科莱特夫人的丈夫通知他们:暂缓女主角的挑选,他们发现了一位非常合适的英国女演员。

那就是被科莱特夫人意外看到的奥黛丽。尽管还没有进行正式的试镜,她并不确定这个女演员是否合适,但她已经被拍摄过程中,奥黛丽所表现出的灵动、气质和美貌所吸引。

她是终究会发光的金子,是藏在人群中的千里马,那种难以掩盖的光芒,让任何一个看到她的人都相信,她会遇到伯乐的。

此刻就是她的机会。

CHAPTER 2

科莱特夫人发现奥黛丽的第二天,就邀请她进行了一次恳谈。尽管奥黛丽表示,自己只是一个舞者,从前没有多少表演的经验,但科莱特夫人还是对她表示了肯定和期待。

她说:"你可以做到。"

第二章
你的魅力终将闪耀

"我在海滩上发现的宝物",这是科莱特夫人对奥黛丽的形容。果然,很快奥黛丽就得到了制片人、编剧的一致认可,坐上了前往美国参加排演的轮船。

这还是奥黛丽第一次离开欧洲大陆,去一个那么新鲜的、遥远的地方,一切都令她好奇极了。也许她在船上还怀有对未来的期待,毕竟这是一次难得的机遇。

只是到了美国后,一切似乎并没有那么顺利。

起先只是制片人鲁斯发现,奥黛丽的形象与之前相差甚远——这个姑娘也许是太过兴奋,也许是一时无法适应轮船上的生活,竟然在十八天的旅途中增重近七公斤。当她下了轮船,鲁斯立刻变得头痛起来。

为了赶在排演前达到最完美的状态,奥黛丽需要在一个月内瘦下来。刚到美国的兴奋感还没有消去,她就不得不陷入痛苦的节食当中,每天只能吃由牛排、鸡蛋、洋葱等简单炮制的菜肴,足足吃了一个月。

演员实在是个折磨人的行当。当角色需要你丰腴性感时,不管再痛苦你也得拼命往嘴里塞食物;当你必须演绎清瘦的形象时,就算时间再短,你也要达到剧本的要求。

一个合格的演员,绝对是能承受任何寂寞、忍受食欲折磨的人。奥黛丽虽然还不敢称自己为一个演员,但她已经具备了合格的自制力。

没有自制力的人,只怕刚跨进这个行业的门槛,就表现得一塌糊涂了。只有自律,才能优秀。

减重只是她遇到的第一个难关,更多的困难还在后面。《金粉世界》与奥黛丽参演的其他舞台剧或影片有些不同,她在这里担纲绝对的女主角，不像过去一样主要做一个舞者，此刻需要展现更多的表演技巧。

在这方面，她还完全是个新人呢！

琪琪是个活泼、充满生机的角色，那种少女的淘气和调皮，跟一向乖巧、气质优雅的奥黛丽有些差距。尽管她的眼神中总能透露出灵动来，但奥黛丽的举止是充满贵族气质的，她需要尝试着表现一个全新的、更加自由的形象。

把角色拿捏得恰到好处是很难的，至少一开始的奥黛丽表现得并不好，她总是把动作幅度夸张化，演得太过火了。在这之前，尽管她已经努力地积累过台词技巧，可从没有在舞台上练习的机会，所以她的台词也是比较糟糕的。

她的短板、与专业演员之间的差距，显露无遗。

开始的几天，奥黛丽并没有意识到这一点。直到导演实在难以忍受，对她严厉地说："你必须要勤奋努力，以最佳的精力状态来拍戏，用专业的标准来要求自己，否则我也无法确保你能不能继续在这部戏中待下去。"

她是个好强的女孩。之前她只是不明白自己的问题，而听到导演的指责，奥黛丽立刻认识到问题所在——自己还需要表现得更好。

她果然达到了导演的要求标准。

这并非意味着，奥黛丽轻易就能做到，如果能的话，在之前她就不会让导演那么失望了。在一个晚上就有巨大的提升，只是因为奥黛丽全神贯注在表演上，当她知道自己的问题所在，一定是花费了十二万分的精力，在私下进行了不懈努力。

若没有这种上进心,只怕《金粉世界》就是她演艺生涯的顶点与终点,甚至她可能都没有上台的机会,只能灰溜溜地回去继续扮演小角色。

任何时候,那种不服输的心态、好强的性格与不懈的付出,都能带来积极的影响。

CHAPTER 3

即便奥黛丽已经足够努力了,但在舞台上的她,依旧有许多青涩的地方,很多细节都不够优秀——比如台词,比如技巧和感情。但好在,她实在是太耀眼了,只要她站在舞台上,观众们就会全身心地跟随着她喜怒哀乐,把她当作舞台的焦点,这弥补了许多她的不足。

即便如此幸运,她还是坚持提升自己,弥补缺陷。她说:"我没有任何舞台经验,其他人却都是前辈。"所以,向前辈们学习和探讨是很必要的。

她与前辈们一起朗读台词,一遍遍揣摩角色应该有的感情和语调,以期将角色演绎得更好。这一切都给奥黛丽带来了影响,在《金粉世界》演出的后期,她的表现越来越纯熟,也越来越游刃有余。

她还收获了自己一生的朋友和知己,譬如给她演技上帮助的奈斯比特,以及在她遭遇恐慌意外时给予她抚慰的戴维·尼文夫妇。他们是她事业和感情上的导师、朋友,给了她无法取代的温暖和不可或缺的教导。

奥黛丽总是能在工作中得到旁人的帮助,或认识真心的朋友。借用格利高里·派克的话来说,大约就是因为她总待人真诚、善良,她跟当时争奇斗艳、钩心斗角的女演员们差别太大了,人们总爱追逐更美好的事物，所以对奥黛丽也格外友好。

即便她拥有这样的灵气，又具备少见的勤奋，但依然保持着谦逊。这种谦逊不因为她的名气与地位更改而改变，无论鲜花着锦抑或繁华落尽，她始终以平凡人的态度对待自己。

《金粉世界》本预计演出十六天，但因为饱受欢迎，奥黛丽足足演出了二百一十九场。在登场前，她还是那样紧张，担心自己的表现不被观众认可，担心自己还不够完美。

但实际上，连苛刻的剧评家们都被她征服了。"她的美貌和才华并存，是无法否认的，紧张也无法掩饰她的优雅与专业。""她是这一季死气沉沉的气氛中难得的一阵清风……"人们对她亮眼的表现赞不绝口。

她红了！

她的名字被制片人加在剧院的宣传内容上，有她露面的杂志销量都开始上升，人们对这个新人的面孔充满狂热的好奇与赞赏。她成为美国百老汇这个传奇的舞台上新的耀眼明星，写着"奥黛丽·赫本"的签名纸，成为人们争抢的对象。

金粉世界，向她拉开了真正的帷幕。

而此时的奥黛丽，是否也沉浸在一夜爆红的飘飘然中呢？不，与之相反，她对身上的虚名保持一种强烈的不安和难以置信。她对自己的要求很高，既不敢相信自己被肯定，也不敢相信此时的瞩目能维系下去。似乎，让她承认自己被所有人喜爱、将成为新的红星，是最难的事。

奥黛丽的童年经历，让她缺乏安全感、缺乏被认可的自信，但也是她谨慎性格的来源。她一生都保持着小心翼翼，因此认真地对待每一次工作,珍惜每一个机会,才会在舞台上创造一个个奇迹。

面对骤然的成功,她没有陷入飘飘然的自许之中,而是很快从惊慌里沉静下来,投入接下来的工作里。

这才是真正的奥黛丽·赫本,从容地看待极荣极辱,淡定地迎接来自外界暴风骤雨般的赞美或贬低,只是安静地、倔强地走在自己的道路上。她的世界,一直很简单。

保持初心,便一路都是坦途。

落跑罗马的公主

CHAPTER 1

许多人都曾相信,在罗马有过一段公主与平民的美好爱情。

年轻的公主不喜欢备受束缚的王室生活,在罗马访问时,她终于逃离了那个让她不得自由的地方。年轻的记者意外发现了落跑的公主,他认为这将给自己带来一个大新闻,于是他们一个隐藏身份、一个假装不知,开始了一天浪漫美妙的旅途。

一切都在意料之外、情理之中,他们相爱了。

而第二天,公主选择了回归,去承担自己的责任。最后,她对着站在台下的记者,隐晦地说出了自己的心意——她最爱的城市,就是记录了她短暂爱情的罗马。

少年时,许多人都信誓旦旦地告诉我,罗马这个浪漫的城市,一定真的有一位公主遗失过自己的爱情。

奥黛丽·赫本传
用灵魂亲吻世界

《罗马假日》中的安妮公主

其实从未如此。

只是一个漂亮的女孩与一位英俊的绅士，将这个故事演绎得动人真挚，令人几乎以为这就是真的了——那就是享誉世界的《罗马假日》。

奥黛丽·赫本几乎就是影片中的公主本人，她凭借自己出身贵族的优雅气质与充满魅力的一举一动，将安妮公主演活了。

当派拉蒙公司准备拍摄这部剧时，大导演威廉·惠勒亲自观看了奥黛丽的其他演出，情真意切地说："这就是我要找的公主。"

只是，那时的奥黛丽还未与自己的恋人汉森分开，她还想在《金粉世界》的演出工作结束后就准备结婚的事情。只是一向鼓励她追逐事业的艾拉没有同意，她半强迫地拉着奥黛丽去参加了试镜，终于，她拥有了人生的第一个影片女主角。

谁能想到呢？奥黛丽第一次离开戏剧、舞蹈的舞台，在影片里担当

第二章
你的魅力终将闪耀

主角,就拿下了电影界的殊荣——奥斯卡最佳女主角奖。她的传奇,从此展开。

她成就了"安妮公主",赋予了这个角色独一无二的灵魂,从此她的倩影永远与浪漫的罗马息息相关;"安妮公主"也成就了她,让她真正燃起对电影的热爱,并从此得以出演一个又一个自己喜欢的美好角色。

从未有过重要角色演出经验的奥黛丽,才刚刚从舞台剧的领域崭露头角,如何能够一举拿下电影行业的最高殊荣?她并非是天生演技卓绝、生来就要吃这碗饭的女孩,更大的原因是她遇到了恰好的角色。

恰到好处,往往是最难把握的。但人若能找到自己恰到好处的定位,就意味着遇到了此生最大的幸运。"安妮公主"就仿佛为奥黛丽量身打造,让她得以与角色互相成就。

导演惠勒对奥黛丽的面试仅有五分钟,请她表演公主穿着睡袍坐在床上,跟侍女抱怨自己厌倦的宫廷生活。而奥黛丽不知道,自己在表演完之后放松下来的状态也被导演拍了进去。

她穿着一袭白色的睡袍,姿态优美又调皮地抱膝坐在床上,期待地对着导演的方向俏皮地问:"我的表演怎么样?是不是还可以?"

贵族的气质与少女的活泼在不经意间展露无遗,让导演立时感觉极为满意——她虽没有多少经验,却可以本色出演。

优雅,不仅仅是奥黛丽身上最广为人知的标签,也是她职业生涯的助力之一。这种魅力让她突破了当时的主流审美,引领了新的风潮。

从此,女人们才慢慢意识到——

优雅,比性感更重要。

CHAPTER 2

"看到《罗马假日》中的安妮公主,女孩子们都不再将内衣塞得满满的了,也不再乐于踩着锥子一样的高跟鞋歪歪扭扭地走路。"影片上映后,《纽约时报》曾经有过这样的评论。

那时,人们欣赏的是玛丽莲·梦露一样的性感女人,高跟鞋、长裙、金发碧眼,凹凸有致的身材仿佛熟透的水蜜桃一样,最能引起旁人的艳羡与尖叫。

但奥黛丽不同,她有自己独特的品位和审美。尽管她也曾经抱怨过自己过于瘦削,但她并没有因此放弃展现自己的美,相反,她特别懂得如何展现自己的优势。

她在时尚领域的敏感和天分已经初露锋芒。

拥有独立的审美,懂得展现自己的优势,懂得接纳不同,才算拥有了时尚圈的入场券。而人生亦是如此,有独立的态度,懂得扬长避短,不从众、不流俗,才能活成不同的风景。

为奥黛丽设计剧中服饰的伊迪丝·海德,是后来享誉好莱坞的造型师,曾经八次获得奥斯卡奖,是个低调又有才华的女人。而她第一眼看到奥黛丽的时候,就知道这是个聪明、时尚的女孩。

"她把自己的纤瘦演绎成资本。"海德很欣赏奥黛丽。

她们的相处非常融洽,与一般演员和造型师不同,奥黛丽与海德之间有更多的交流。奥黛丽是个有主见、有自己原则的女孩,任何要穿上身的衣服都要经过她的同意或修改——她对自己的形象有坚持的定位。

第二章
你的魅力终将闪耀

这一次也是如此。海德为她设计的服饰，也经过了奥黛丽的小小改动——衣服的颈部装饰简单，可以凸显她天鹅般的脖颈和线条，用宽腰带束出纤细的腰身，穿低跟的鞋子展现优雅与利落。

这样的一身装扮成就了奥黛丽经典的公主形象——短短的、卷曲的刘海，是后来经典的"赫本头"，一件白衬衫，束着腰带的大摆裙，俏皮的小皮鞋，不必卖弄性感一样灵动美丽。

这就是奥黛丽的时尚，她从来不随着别人思考，而是走在自己的道路上，开辟出别人可以跟随的潮流。

只有有主见、有独立审美和思考的女人，才能活成奥黛丽的模样。她的美并不仅仅因为自己的外表，更是源自聪慧的灵魂。

CHAPTER 3

《罗马假日》中，奥黛丽邂逅了自己一生的好友知己——格利高里·派克。

相对于初出茅庐的奥黛丽而言，派克当时已经是知名的男星。《罗马假日》是一部更多聚焦在女主角身上的电影，派克愿意出演男主角，已经算是难得。

幸运的是，他没有因为角色的大小去评价它的好坏，得以与奥黛丽共同创造了这部经典影片。

派克对于奥黛丽的欣赏溢于言表："她是个从不在背后说别人坏话的人，从不议论别人。我们这一行的人往往工于心计，但是她不同，我很喜欢她。"

奥黛丽·赫本传
用灵魂亲吻世界

在派克看来，爱上奥黛丽是一件极其简单的事情，因为她站在那里，就是"美好"的代名词。

美好是发于内而表于外的，仅有美丽的皮囊不足以让一个人的魅力征服全世界，一个有趣的、纯净的灵魂才是令人倾倒的本质。奥黛丽的美是值得细细品味的，初见时的惊鸿一瞥，就让人们恍惚间以为那是电影中的"安妮公主"本人，而随着相处时间越久，人们只会更加深刻地体会到，源自她身上说不尽的优秀品质。

从此便心服口服地认定，她就是一位现实中的公主。

拍摄《罗马假日》的那个夏天，罗马以最热情的态度迎接了这位姑娘——最火热的天气，湿度、温度都爆表了，天气热得让人简直无法忍受，可演员们却要在镜头前展现出一种气候凉爽、恰到好处的状态，以衬托整部影片的浪漫氛围。

这实在是一种考验。

奥黛丽几乎要中暑了，一不小心脸上的妆容就会被汗水浸湿，一天都没有胃口吃东西。那段时间，她每天只能靠喝一点儿香槟来提神，维持自己高强度工作的体力。

即便如此，奥黛丽也没有敷衍地对待工作。导演惠勒是个要求极高的人，正因有高标准才能拍摄出好口碑的作品，所以尽管遭遇极端天气，他依然坚持自己的拍摄要求，一个镜头不完美，就要重来。

奥黛丽从无怨言，总是抱着谦虚的态度学习，一遍遍在艳阳下重复着自己的镜头。那时是罗马的旅游旺季，到处都是无法避开的观光客，尽管剧组已经尽可能地完成了清场，拍摄也是在路人的围观中进行的。

第二章
你的魅力终将闪耀

心理和生理上的双重考验，没有击垮这个从未拍摄过如此重要角色、承担如此高强度工作的女孩。相反，她的专注再一次起到作用，不仅让自己快速成长起来，也赢得了所有人的肯定。

尽管惠勒总是在拍摄时对奥黛丽多番挑剔，但他在私下从不吝于赞赏她："她是稀有的演员，努力地、一心一意地学习如何表演。"

在整部影片拍摄到最后一个镜头时，奥黛丽差点崩溃了。那一幕中，她饰演的安妮公主要向记者道别，回去承担一个公主应尽的义务，也意味着他们将再也没有可能在一起。此时的奥黛丽应该抑制不住地崩溃大哭，但是她却如何都找不到感觉。

惠勒总是觉得少了些什么，于是这个镜头被重拍了一遍又一遍。直到最后，惠勒表现得非常严厉："你到底还要我们等你多久？"

他通过这种严厉的不满，成功把奥黛丽的眼泪逼了出来，一向好强的奥黛丽怎么能忍受自己如此失误、丢脸呢？她一下子难过地大哭出来，这个镜头就过了。

即便被惠勒骂哭了，奥黛丽也从未感到过不满，相反，他们惺惺相惜、互相理解。奥黛丽认为这是一种让自己学习、完成表演的好办法。

对于工作，她总是这样认真并且全力以赴，从来没有考虑过其他的事情。

就这样，一个端庄又不失活泼的公主形象被奥黛丽演绎出来，《罗马假日》上映之后大获成功，人们对其展现出的童话般的故事极尽赞美。《时代》杂志这样形容电影的灵魂主角奥黛丽：

"派拉蒙公司的这颗新星耀眼夺目，如同一颗精致的钻石一般……

古老的罗曼史被奥黛丽·赫本带到了现实之中。"

即便饱受赞誉，她还是保持谦逊、平和的态度。她对自己所处的环境表现出惊人的清醒："我要保持平常心。"跟许多乍红的明星不同，奥黛丽始终相信前进是永无止境的，此刻人们所喜欢、认可的不过是新闻宣传中的形象，那样的形象并不是真正的她，所以她绝不能沉浸于这种缥缈的名声之中。

多么清醒又聪明！直到如今，这个简单的道理依然有许多人无法参透，又有多少人能在举世誉之的时候依然保持自省之心呢？可是奥黛丽可以。

她始终明白自己要做什么，在工作时保持十二万分的专注，在被赞誉时候保持清醒和怀疑的态度，始终未曾停止对前路的向往和更高标准的追求，才有一次次攀登巅峰的传奇。

这才是她真正的魅力所在。

《甜姐儿》：用另一种方式实现梦想

CHAPTER 1

你永远无法猜测不曾到来的明天，是怎样的情形。

所以，请保持希望。

哪怕当下的情况已经很糟糕了，哪怕和你有相同渴望、一起出发的同伴已经逐渐放弃，也请多坚持一会儿。因为我们永远不知道下一秒，是不是就能迎来一个美好结局。

第一章
在废土上开出一朵花

《甜姐儿》剧照

明天很美好，但多数人都在残酷的今天晚上放弃了。

奥黛丽选择了坚持，不论在任何绝境之中，她都没有放弃找寻自己的道路，所以她早已放弃的梦想一样能以另一种方式实现——

以一个舞者的身份，跟顶尖的舞蹈大师合作表演。

这对于已经成为演员的奥黛丽来说，看似是个一生无法完成的梦。她的舞蹈生涯早就被判了死刑，即便坚持下去做一个舞者，也绝不可能踏入顶尖的群体，更不要说跟自己一直崇拜着的大师合作了。她已经是演员奥黛丽·赫本，即便已经拿到了奥斯卡影后的桂冠，一样不等于她可以实现自己的芭蕾舞梦想。

但她却借助一部电影，意外地圆梦了。

那就是1956年所拍摄的《甜姐儿》。

那时，奥黛丽已经凭借《罗马假日》夺得了第26届奥斯卡最佳女主角，并借此机会走向了世界舞台，让人们真正认识了奥黛丽·赫本的名字。这一年的9月，她也与身为导演、演员、作家的男友梅尔·费勒步入了婚姻殿堂，无论生活还是事业都处于极为幸福的巅峰状态。

此时，一个拍摄歌舞剧的机会摆在了奥黛丽面前。

她刚刚拒绝了拍摄《安妮日记》，因为二战时期挣扎求生的童年经历，让她的心理状态很难承担拍摄的重任，思考之下她决定选择拍摄歌舞剧。更重要的是，在这部剧中她有机会再次穿上舞鞋跳起芭蕾舞，这对从小有一个芭蕾梦的奥黛丽来说，是一个难得的机会。

奥黛丽的儿子肖恩曾经回忆说："很多人问我：你最喜欢你母亲的哪一部电影？我很难回答这个问题，因为我很难保持客观。但如果要我选

第二章
你的魅力终将闪耀

出一部母亲投入过个人感情的作品，我想《甜姐儿》应该是的。"

在这部歌舞剧里，奥黛丽全身心沉浸在舞蹈的享受之中，既扮演着电影角色，又体会着实现梦想的感觉。她再一次穿上了舞蹈鞋，跳起自己喜爱的舞蹈。

这不单纯是一次拍摄，更是她距离梦想最近的机会。

为了拍好这部片子，奥黛丽花费了大量的时间在练习舞蹈上，尽管自己常常被折腾得筋疲力尽，但她从未感到抗拒或者厌烦。其实人们对歌舞片主角的专业要求并不高，但奥黛丽还是将它当作一次专业的舞蹈表演那样对待，尽可能地让自己的每个动作都做得标准——或许，她是陶醉其中的。

连制片人罗杰·艾登斯都被奥黛丽的拼命吓到了，她就像不知道疲倦一样，一直在练舞、练舞，大多数人都觉得她不必做到这样，即便舞蹈是这部影片的特色，也不用达到专业舞蹈演员的水平。

"你应该回去休息，现在你每天都工作十六个小时。"艾登斯说过这样的话。

"没必要。"奥黛丽并没有答应，"我明天还是会九点到的。"

实际上，她往往到得更早，八点多就能看到她开始练舞的身影。

旁人都不明白，奥黛丽不仅是对影片的拍摄负责，更是对自己负责。她多么珍惜这一次圆梦的机会，既然可以穿上舞鞋，就必然要让所有人知道，自己可以跳好舞蹈。

以舞者奥黛丽·赫本的身份，圆这个梦想。

你永远都不知道未知的明天是怎样的，也许今天希望渺茫的梦想，明天就会有峰回路转的奇迹，一切都是未知的。我们能做到的，唯有保持希望，不断前行，如同一直拼命练习、努力跳舞的奥黛丽一般，保持自己逐梦的能力。

这样才不会在机会到来的时候，眼睁睁看着它从指缝中滑掉，被自己亲手浪费。

多少人也曾有机会触碰梦想，却因为忘记伸出手而错失了，希望你不会如此。

CHAPTER 2

努力变成偶像的样子，去追逐他们的步伐，实在是一件美好的事情。

在《甜姐儿》的拍摄中，奥黛丽还实现了自己的另一个梦——与大师级别的舞蹈明星弗雷德·阿斯泰尔一起表演。

当派拉蒙公司宣布奥黛丽出演女主角时，她就坚持要阿斯泰尔来担当男主。"如果你们能请到弗雷德出演的话，我就演。"很多年后，阿斯泰尔还感动于奥黛丽当时说的这句话。

阿斯泰尔当时已经五十七岁，他近乎是奥黛丽的长辈了。也正因此，早早成名的他几乎是奥黛丽从小就仰望着的偶像，那时候她还有一个舞蹈梦，与阿斯泰尔在同一个舞台表演，是一个遥不可及但令人想来就激动的事情。

能在《甜姐儿》的剧本中实现，实在是再好不过了。如肖恩为奥黛丽撰写的传记所说：

"这部电影实现了她与弗雷德跳舞的梦想。毕竟那些年来，又一次

第二章
你的魅力终将闪耀

能够与她最初的挚爱——舞蹈相连，想必是一桩多么快乐的事情啊。"

一个人有偶像的好处在于，总想要积极地成为偶像的样子，想如同所追逐的人一样优秀，甚至终有一天可以站在同一个平台对话，这实在是一种再完美不过的相遇。

保持着这样的心态不断前行，当你也足够夺目的时候，一定会有这样的机会。

年少时的奥黛丽绝对不会想到，自己在未来的某天，不仅会成为阿斯泰尔的女主角、得到他的欣赏和赞许，甚至还会让他产生自惭形秽的感觉。

阿斯泰尔与奥黛丽之间的年龄差距太大了，这本就让他觉得有些紧张，但他也期待能跟这样一位光芒璀璨的佳人同台。而见到奥黛丽本人的时候，那种期待就被不安压过了——她身上所展现出来的活力，让她比实际的年龄看起来更加年轻。

而奥黛丽表现出的见到偶像的激动与小心翼翼的讨好，更让阿斯泰尔感到焦虑不安，毕竟，谁都想在这样美好的女孩面前保持良好的形象，更何况这还是自己的小粉丝，不是吗？

这种不安，让阿斯泰尔显得格外焦虑，甚至表现出一些不友好来。他常常打断奥黛丽的话，甚至质问对方"你在干什么"，奥黛丽一度觉得十分紧张，发现跟这位前辈合作并不是一件轻松的事情。

他们其实是一样的，因为想在对方面前表现出最完美的一面，所以紧张、焦虑，反而因为太过在意而让合作变得不那么轻松。但这一次合作，无疑是值得珍惜的。

CHAPTER 3

奥黛丽始终将这份圆梦的经历珍藏在心中。二十五年后,她为阿斯泰尔颁发了美国电影协会终身成就奖,那一次他们再度同台。奥黛丽仿佛做梦般回忆起了拍摄《甜姐儿》时期的场景:"当时,我的大脑几乎无法运转,身体像铅块一样沉重,突然间,感受到腰部被一只手托了起来。那一刻,我完全被弗雷德的优雅和轻盈吸引了。"

阿斯泰尔也对奥黛丽十分欣赏,所表现出的那种焦躁,不过是担心自己不完美的不安罢了。他们拍摄影片中在草地上的舞蹈时,奥黛丽会穿着婚纱跟他一起起舞,那应该是个多么美丽的场景啊!可真正拍摄的时候,却并非如此。

那几天的巴黎总在下雨,阴云绵绵、淫雨霏霏,草地上泥泞一片。奥黛丽懊恼地说:"为了跟弗雷德一起跳舞,我等待了二十年,等到了什么?一身泥巴!"

听到这话时,阿斯泰尔忍不住在心里笑了,这真是个可爱的女孩子。

他在自己的回忆录里写,自己喜欢这部电影,更喜欢跟奥黛丽一起共事的感觉。能够得到奥黛丽的坚持和邀请出演这部剧,对他来说是一种极大的荣耀和肯定。

这是一种怎样的褒扬!而奥黛丽不仅实现了自己与欣赏的前辈同台的愿望,还得到了对方这样的肯定与赞美,应该是不枉此生了吧!

尽管这并不是一部十分优秀的影片,逐渐过气的歌舞片类型,以及薄弱的剧情和内容,让这部影片很难得到大多数人的认可,但人们对表演者的优秀持有毋庸置疑的肯定态度。可以说,这部影片的平庸没有掩盖奥黛丽·赫本与弗雷德·阿斯泰尔的专业性,尤其是他们在舞蹈上精彩的表现,足以让人们称道。

事实上,《甜姐儿》常被人们看作是奥黛丽个人魅力的一次精彩展示,因为在这里,奥黛丽身为一个舞者所展现的灵动美妙的气质令人倾倒,这是一次真正的视觉盛宴,而奥黛丽寄托了自己丰沛的情感与梦想,使这个角色被演绎得更漂亮。

梦之所至,无往不前。

为此,奥黛丽宁愿忍受许多拍摄的辛苦,哪怕在巴黎的时候,夏季的炎热高温与多雨时刻折磨着她,让她的体重降低了五分之一,甚至都不到一百磅,连最爱的巧克力都无法下咽,她还是保持着从头至尾的激情完成了拍摄。

谁让这是她的梦想呢?

一个人总要有梦想的,也总要有追逐的对象,这才能令我们有动力变得更好。奥黛丽的经历告诉我们,当你足够优秀的时候,不必担心追不上优秀者的脚步,他们自然会成为你的同路人。

你就活成了自己梦想的模样。

蒂凡尼的精灵

CHAPTER 1

对奥黛丽·赫本稍有了解的人,往往都对这样一幕场景印象深刻:

奥黛丽·赫本传
用灵魂亲吻世界

如同模特一般高挑瘦削的赫本穿着一袭包身的黑色连衣裙,将头发高高盘起在头顶,脖子上戴着一串璀璨的珍珠项链。

她的两手戴着黑色的、长及手肘的手套,仿佛下一秒就要去参加晚宴,却在大街上拿着一块牛角面包,端着盛满咖啡的塑料杯边走边吃。

最终她停下了,站在蒂凡尼的珠宝店橱窗面前,充满羡慕地望着里面。

这是奥黛丽在经典之作《蒂凡尼的早餐》当中令人印象深刻的一幕。如果非要细数她事业上的精彩节点,人们一定不会绕过这一部电影,它成全了太多太多。

它成全了奥黛丽穿着小黑裙的优雅形象,让"赫本风"成为时尚界颠扑不破的经典,让她确立了自己优雅的形象在时尚界的地位;

它成全了奥黛丽和纪梵希之间的友情,让纪梵希的设计再一次散发光芒;

它给予了奥黛丽一次全新的尝试,让她摆脱以往的形象局限,出演了一个全然不同的角色,赢得了又一次奥斯卡奖提名;

它给作曲家亨利·曼西尼带来了一次绝妙的合作,让奥黛丽成了他灵感的缪斯,为影坛贡献了许多令人陶醉的歌曲……

这堪称是一部可以历经时间考验的、几乎完美的作品。

而这样一部作品,原作者在最初并不属意奥黛丽出演女主角。

《蒂凡尼的早餐》改编自杜鲁门·卡波特的小说,讲述了一个名叫霍莉的美国乡下女孩,前往大城市成为交际花,试图改变命运,却最终选择了拥抱爱情的故事。

第二章
你的魅力终将闪耀

  这个女主角跟奥黛丽以往饰演的或高贵或优雅的形象截然不同，是一个充满拜金色彩的、性格外向活泼的交际花。霍莉来到纽约只有一个目的——寻找一个有钱的丈夫让自己的人生被改变，她似乎就是这样一个肤浅的、只喜欢金钱的女人，没有面包的爱情对她来说一文不值。她的朋友只有一只猫，每天最大的快乐就是早上工作完回家时，吃着早餐，羡慕一下蒂凡尼橱窗中那些璀璨的珠宝，想象自己拥有它的一天。

  如果不是因为遇到了保罗，在与他相处的日子里重拾自己的天真烂漫，霍莉的结局还不知道在哪里。这样一个开朗外向甚至有些泼辣的女孩，对奥黛丽来说是个巨大的挑战。

  卡波特作为小说的创作者，开始并不满意奥黛丽作为自己的女主角，玛丽莲·梦露这样的性感尤物，才是他内心最佳的选择。卡波特甚至向派拉蒙公司提出过这样的要求，希望将奥黛丽换成梦露，可惜被拒绝了。

  但事实上，每个人都应该有勇气去挑战一个新的领域，去尝试那些看似不适合自己或不擅长的东西，也许会给你带来新的惊喜，给人生带来新的可能。

  小到一个全新的发型、一个从未考虑过的造型，大到关于事业、关于人生的选择，你都不必给自己设那么多的条条框框，也不要总强调不可能。

  如果不是因为导演布莱克·爱德华的鼓励，不是作曲家曼西尼的全力支持，奥黛丽可能也不会尝试这个对她来说完全新鲜的角色——那将意味着一个永远的遗憾。但是，她最终还是乐于尝试并鼓起了勇气，并在挑战当中得到了无可替代的回报。

  敢于涉足新的领域，才能拥抱更大的自由。

《蒂芙尼的早餐》中奥黛丽的经典造型

CHAPTER 2

　　实际上,奥黛丽担心自己无法出演好这个角色,更多是出于自身的谨慎。在读完剧本之后,她就产生了一种跃跃欲试想要参演的心情,因为她感觉自己与剧本中的女主角有许多共同语言。

　　这种共鸣,已经说明了奥黛丽可以出演好这个角色,只是她自己还不知道。

　　尽管奥黛丽性格保守又矜持,从来没有体会过交际花的生活,但她也有过如同影片女主一般辛苦求生的日子。与母亲刚到伦敦学舞的时候,她们的收入来源很少,奥黛丽主要的工作就是参演一些化妆品广告,这

第二章
你的魅力终将闪耀

能稍稍缓解她们的生活压力。她偶尔会受邀参加舞会,尽管内心并不喜欢这样的场合,去的目的也不是为了与别人跳舞,但只要有这样的机会,奥黛丽就会去——因为她可以吃一顿免费的晚餐。

这听起来并不体面,但一个女孩要讨生活的时候也只能如此。所以奥黛丽看到霍莉在剧本中,站在蒂凡尼的橱窗外吃早餐的场景,一下子就联想起了自己曾经在觥筹交错的舞会上讨生活的样子。

她们都一样被奢靡繁华的生活排除在外,只不过霍莉面前的玻璃是有形的,而阻隔奥黛丽的玻璃是无形的。

出于这样的共鸣,奥黛丽很想抓住这个机会参演角色。但一贯的谨慎又让她犹豫不前,因为奥黛丽本身的个性也与霍莉南辕北辙,影片中的形象是那样活泼外向,甚至有些时候还带着社会底层特有的泼辣和爱管闲事,而奥黛丽从小受到的教育和特殊的经历,让她过于敏感、容易紧张,只有在自己感觉安全的场合下,才会表露出一丝活泼。

她很担心,也许自己不能演好这部影片。

这对奥黛丽来说是一个挑战,如果她能够跨过去,就可以在自己的表演事业当中再次攻克难关,下一次类似的场景绝不会让她感到为难;如果她退缩了,那么下一次,再下一次,每一次类似的机会她将都有可能错失。

也许是导演爱德华的肯定给了她信心,也许是亨利·曼西尼告诉她已经为她写了一首歌等她弹唱,让她产生了好奇,奥黛丽最终坚决迈出了尝试的一步。

她早就有了足够的实力和阅历来扮演这个角色,缺乏的不过是一点儿尝试的勇气而已。我们许多人都是如此，常常低估自己，明明已经有了足够的资本，却不愿意去挑战陌生的领域，这往往就是失去机会的根本原因。

一个新鲜的、从未踏足过的世界并不意味着只有风险，也意味着更多的机会。

果然，这部影片最终获得了成功。1961年，《蒂凡尼的早餐》一经上映就引来了无数影迷的疯狂追捧。当他们看到影片最后两位主角在雨中拥吻，便仿佛生出了一种经历童话般的满足。这是一场离经叛道的宴会，所有的人都仿佛亲身经历了主角的大起大落，他们的心情随之而动，这是对影片最大的肯定与赞赏。

奥黛丽的尝试成功了。

CHAPTER 3

在《蒂凡尼的早餐》中，除了最著名的橱窗外吃早餐的一幕，另一个让它成为经典之作的场景，大约就是奥黛丽坐在窗前弹吉他，轻轻哼唱着《月亮河》的部分，这成了许多影迷心中最为经典难忘的一幕。

谁能想到，这一幕差点就被删去了呢？

这一幕能够保留下来，与奥黛丽在音乐艺术上的坚持和敏感有关。

她有一副非常特别的嗓子，唱出来的歌曲未必多专业，但总有着牵动人心的魅力。奥黛丽唱起《月亮河》的时候，人们仿佛在她的歌声中听到了一个女孩内心的失落、对遗失的美好的渴望与回忆。哪怕是影片中的霍莉，只怕也不能明白这样的心情，但奥黛丽却情之所至、自然而

第一章
在废土上开出一朵花

剧中奥黛丽演唱《月亮河》

然地流露了出来。

此刻她已经不是在扮演霍莉了,她唱的就是自己,这首歌给予了主角形象更深的意义。

《月亮河》是作曲家曼西尼以奥黛丽为灵感所创作出来的歌曲,最终又选择了由这首歌的缪斯来演唱,实在是最完美不过。但是并非所有人都会从这个角度感受到奥黛丽的情感,当时担任监制的派拉蒙制片主管赖金就更倾向于演唱者的技术性,或者是他单纯欣赏不了曼西尼的艺术,总之他表现出了强烈的反对:

"毫无疑问,这首歌是要删掉的。"

听到这句话,奥黛丽表现了超乎寻常的坚持,她立时就从椅子上跳了起来,说道:"除非我死!"

事实证明,奥黛丽誓死坚持的歌曲的确打动了万千影迷。她对自己的事业总是保持与平时不同的倔强态度,大多数时间她是一位性格很好、乐于包容别人的女人,但在面对事业的每个细节,关于表演的见解,她总是有自己独立的看法。

如果不是因为她在音乐上的坚持和天分,也许这部影片就无法呈现给人们这样多完美的曲子。

曼西尼给《蒂凡尼的早餐》创作了许多优美的插曲,但在许多人眼中又显得有些多余。经过权衡,派拉蒙公司曾经想删掉其中的大部分,被奥黛丽阻止了。

她非常欣赏曼西尼的音乐,甚至在信中说:"如果电影是飞机的话,音乐就是能让飞机起飞的燃料。没有音乐的电影,再精美也只是流于表面，是音乐赋予了它飞翔的能力，是你给我们展现了无法用语言来表达的美。"

她没有辜负音乐人的欣赏，也的确是一个富有音乐天分并且拥有自己坚持的人。如果没有奥黛丽的鼎力支持，《蒂凡尼的早餐》也许不会是现在的样子，我们可能会错失许多精彩。

有天分是好的，更重要的是要坚持自己的选择，对自己的天分有足够的自信。尤其是在自己的道路上，更要有百分百的自信和坚定，才能如同奥黛丽一般将每个细节都诠释得很好。

盲女奥黛丽

CHAPTER 1

当人们谈论起奥黛丽·赫本时，总是将目光聚焦在她的优雅与时尚上，却容易忽视她的实力，忘记了这是一位五次提名过奥斯卡最佳女主角的演员。

事实上，她的演技也是可圈可点的。尽管她在演戏上的天赋看起来并不出众，但她拥有一贯的努力，不断打磨之下总是给人们带来惊喜。

奥黛丽从不是个完美的女人，她的幸运不过是人们对她生活的想象，她的完美不过是观众强加的标签，事实上她也是个平凡人，也曾经因为表演情绪不足而被导演骂哭，也因为演出形象单一而被社评抨击。

她也没有上天的宠幸，让她得以拥有演戏的天赋，所有的一切都是靠着实打实的拼命和努力换来的。当她在片场拍摄时坠马，她没有放弃，硬是撑着身体坚持下去；当她面临职业生涯的挑战，也没有耽于现状，而是选择了不断挑战。

譬如《盲女惊魂记》，这部奥黛丽在巅峰时期息影前带来的经典之作，就展现了奥黛丽职业生涯的最佳演技，得到了无数赞誉。

她用自己的实力证明，自己并不是只能演绎沉溺于爱情的天真少女，她一样可以驾驭好不同类型的影片。

这部由奥黛丽的好友特伦斯·杨所导演的影片，于1967年上映，盲女苏茜跟自己的丈夫在下飞机时遇到了一位旅客，帮助他保管一个毛绒玩具，谁知这里面竟藏满了毒品。第二天，两个毒贩在苏茜家，利用她的眼盲来欺骗她、冒充她丈夫的朋友，试图寻找那个藏毒的玩具……

无疑，这是一部斗智斗勇的悬疑惊悚片，充满了希区柯克式的风格，而更具有挑战性的则是在剧中扮演盲女。眼盲者是非常难演的，常人很难感受到他们的生活是怎样的，但奥黛丽凭借自己的努力，将盲人的一举一动模仿得惟妙惟肖，最终凭借这个角色入围了1968年的奥斯卡奖和金球奖。

她始终都没有选择躺在自己的成就上享受，也没有乐于沉浸在"优雅代名词"的形象里止步不前，而是选择尝试新鲜的领域，去挑战自己。

并且取得了卓越的成就，这是最为难得的。

在这之前，奥黛丽已经尝试了许多类型的电影，譬如悬疑喜剧片《谜中谜》，而在《盲女惊魂记》里，奥黛丽又成功挑战了惊悚犯罪片的角色，并且演绎得精彩绝伦。只有有野心、对自己的事业有远见的人，才会愿意不断突破舒适区，去挑战那些不擅长的、有风险的角色，去冒着观众不认可的危险,选择与过去截然不同的类型风格来演绎。

要知道,一不小心就会从神坛上掉下来,或者招致更挑剔苛刻的评论。

但是奥黛丽从未害怕过,她喜欢挑战,喜欢尝试,这意味着每一天都充满新鲜感。正因为永无止境的好奇心和上进心,她才走得如此之远。

CHAPTER 2

奥黛丽对这部影片极为上心,甚至连导演特伦斯·杨都是奥黛丽亲自找来的。他们在之前已经进行了许多次愉快的合作,他们甚至会在拍摄的时候,相约一起喝下午茶。

有了值得信任的导演,还需要有值得信任的演技——奥黛丽决定为饰演盲女进行充分的准备。她是体验派的演员,为了将这个角色演得更加逼真,奥黛丽提前许久就进入了盲人学校,与盲人们一起学习,观察他们的一举一动。

在盲人学校里,奥黛丽还认识了一个朋友,这是个名叫卡伦的大学生;她幼时就失明了。奥黛丽在这段时间几乎跟卡伦同进同出,向她学习从盲人的角度该如何生活,如何应对外面的世界。

她开始学着用手杖来代替眼睛,走路时用它轻轻敲打地面,以判断前面的路况、道路的材质等,她甚至能够在安静的场合中听声辨位,以声音来判断旁人与自己的位置关系和远近。

到最后,奥黛丽已经表现得完全适应了黑暗的生活,即便是闭着眼睛,也可以准确无误地将茶叶从罐子中拿出来,煮出一壶热腾腾的下午茶。

奥黛丽·赫本传
用灵魂亲吻世界

《盲女惊魂记》剧照

尽管在表演上她已经完全是个盲人的样子了,但奥黛丽的长相反而在此刻给她拉低了分数。以往的大多数时间,奥黛丽脸庞上那一双善良的、透着灵气的大眼睛是她诠释角色的有力武器,甚至当她饰演青涩少女的时候,还得靠着眼睛来给自己的表现加分。但在饰演盲女时,这并不是一个优势——哪有盲人有这样一双灵动的眼睛呢?

奥黛丽不得不每天戴上隐形眼镜来遮蔽双眸的光芒,虽然她觉得毫无必要,但还是为了更好的效果而妥协了。

如果只是戴隐形眼镜,倒也不算什么,身体上无时不在的磕碰、伤痕才是更困扰她的。盲人的生活避免不了磕磕碰碰,奥黛丽也只能忍受着长期伤痕遍布的情况,而在剧情中,奥黛丽时不时还要承受来自反派演员的恐吓与惊吓,这让她的精神也备受折磨。

第二章
你的魅力终将闪耀

处于这样的状态中，奥黛丽才能更好地演绎出盲人的形象，只是，她付出了太多。

除此之外，与儿子的分离也让奥黛丽难以忍受。她一直想成为一个合格的母亲，给孩子的童年带去足够的温暖，而不是让他们感受自己儿时的烦恼。但现在，远在其他国家拍摄的奥黛丽不能轻易回家，成为母亲的她要忍受跟孩子的分离，才是最难熬的。

据说，她每天都要往家中打电话，仅仅是那段时间，就花了几千美元来付电话费。只有这样，她才能感到稍稍些许慰藉。

大约就是无法忍受与孩子分开的痛苦，让奥黛丽在结束了这次拍摄后，毅然地选择了急流勇退、回归家庭。她想要成为一个好母亲，并将其作为下一个人生阶段的重要目标。

而当下，奥黛丽的目标是演好"盲女"。既然做了，她就会做到最好，尽管身为母亲的心十分焦虑，但她并未耽误自己的工作，哪怕做下了想要息影的决定，也会站好最后的一班岗。

这就是属于奥黛丽的倔强。

她的付出得到了足够的回报。当电影上映之后，《纽约每日新闻》评价说："她从不让人失望。"奥黛丽将盲女的角色演绎得自然流畅，得到了许多专业人士的好评。

之后，她选择了毫不犹豫地转身，抛下了自己处于巅峰时期的事业与旁人艳羡的地位、资源，在足足八年的时间选择了回到家庭中，只为了当好一个母亲，只为了答应儿子要陪伴他长大。

她表面上纤瘦又柔弱，但骨子里尤为坚强倔强。甚至很多时候，她是顽固的，顽固坚持着自己内心的原则：当她投身事业的时候，就全副身心地投入进去，面对每一个挑战都全力以赴，对所有自己不满的细节都据理力争；当她选择回到家庭时，就专注地享受身为母亲的日子，如同每个平凡的母亲一样，烹饪、插花、享受下午茶，跟孩子们嬉闹，教育他们成长。

她做什么都能做得很好，如同影评所说的，从不令人失望。大约就是因为她懂得在合适的时候做合适的事情，既然选择，就全力以赴。

CHAPTER 3

如果说有什么是最遗憾的，莫过于人们未能深刻认识到奥黛丽在表演上的魅力。

她的优雅、时尚实在是太出彩了，出色到已经让她成为这两个词的代言人，让人们一看到奥黛丽就联想到优雅的公主形象，一接触时尚圈就不可避免地想起奥黛丽的名字。

过于出众，反而成了一种局限，掩盖了她在其他地方的光芒。

《盲女惊魂记》这样一部有突破意义的、她付出了极大努力的影片，却不是奥黛丽最出名、最受欢迎的电影，甚至许多人都知道她在《蒂凡尼的早餐》里穿着的小黑裙细节，也不知道她曾拍过这样一部电影。

这无疑是对奥黛丽的一种辜负。

人们把她幻想成为一个完美的女人，脸谱式的优雅迷人、气质高贵，却又具备令人着迷的善良和平易近人。所以，他们忽略了奥黛丽所有不符合形象的部分，甚至不愿意接受她演绎其他不符合想象的角色。

第三章
成为天使的路注定不平坦

比如一个盲女。

但事实上,她从来不是一个完美的女人,更不愿意成为一个完美之人。她只是喜欢挑战世俗,走一条特立独行的路,没想到恰好引领了新的潮流、成为人们眼中新的完美。但在奥黛丽眼中,自己从不完美。

自己有许多缺点,亦不美丽,十分平凡,不过是恰好拥有了一些幸运和努力。这是奥黛丽对自己最常做的评价。

是的,她并不完美,不是生来就高高在上的仙女,她不过是一个挣扎着、努力着、不断前行着的普通女孩,但她走到了现在,拥有了如此的成就,不是更值得赞誉的事情吗?

她一直没有站在神坛上,只是一个创造了奇迹的平凡人。不要忽略她的努力,不要忽略她为了弥补那些不完美付出的辛劳,才是对奥黛丽最大的尊重。

这也是对每一个努力的人,最大的尊重。

第三章　成为天使的路注定不平坦

永远走自己想走的路

CHAPTER 1

每个人都想拥有自己理想的生活，但在这之前你需要学会怎么活。

你需要学会如何为自己而活，而不是为别人眼中的自己而活。

"生命中最重要的事，就是要享受你的生活，一定要快乐，其他的事情都不重要。"

这是奥黛丽·赫本一生所坚持的，她永远知道自己想要什么。

这是一个无比清醒的女人。她甜美的微笑、自在优雅的形象，曾经并不是那个时代所追逐的潮流。当时的女人热衷为别人而活，为男人所主导的审美而活，所以她们梦想着变成丰满的性感形象，仿佛只有那样才是美的唯一解释。

但奥黛丽是其中的另类。她当然不是一个性感类型的女人，但可贵的是她并没有因此而感到自卑，反而很懂得去发掘自己独特的美好。她一直走在自己想走的道路上，尽管旁人议论纷纷，尽管同路者寥寥无几。

奥黛丽·赫本传
用灵魂亲吻世界

这种坚持和清醒，独立与成熟，是她留给女孩们最大的财富。

在派拉蒙公司拍摄《罗马假日》之后，奥黛丽以安妮公主的形象被全世界所认识，人们为她的一举一动着迷，甚至是她独特的发音腔调，都被许多人模仿。

而在这之前，谁都没有想过一个平胸的、不爱穿高跟鞋的女孩，能够展示出公主式的优雅，并引发另一种潮流。

奥黛丽这种坚持和独到的审美，被定义为时尚。然而就如同她的好友纪梵希所说的那样，她不过是明白自己想要什么，想要达成怎样的目标，才拥有了后面的一系列成就。

她喜欢展示出自己坚强独立、优雅又充满气质的一面，也清楚地知道这样的形象可以让自己得到更多人的喜爱。这就是奥黛丽所选择的路，尽管与其他人的路并不相同，她也从来都没有想过放弃。

当她在银幕上获得了一定的成功，派拉蒙公司的宣传人员也曾经建议奥黛丽，在出镜的时候将胸部垫高一点儿。这在当时是一种女孩们心照不宣的潮流，谁都想让自己看起来更加凹凸有致，而公司也认为这样对奥黛丽的形象更有帮助。

但一向敬业的奥黛丽，在涉及自己原则的问题上总是格外坚持。她坚决拒绝了宣传人员，不肯改变自己的外表和形象。事实上她这种坚持体现在每一次工作中，每当奥黛丽出演电影的时候，服装造型师都必须要经过她的同意或跟她沟通，才能最终决定让她穿什么，因为奥黛丽不愿意展现出不符合形象的一面。

事实证明，奥黛丽的眼光确实独到，这种坚持毫无疑问是对的。优

第三章
成为天使的路注定不平坦

雅的、端庄的、充满神秘气质的形象,让她从当时的性感女星当中脱颖而出。

她是完全不同的,但又是被所有人喜爱的。

在这之前,还完全没有任何一个女人可以做到这一点。若没有自己的主见和坚持,没有自己对于形象的深入认识,奥黛丽绝不可能做到这一点。

这个世界总是从众者众,但因为从众,所以平平无奇。想要与众不同,总是要承担一点儿风险的,但也是一个绝佳的机会。

CHAPTER 2

走自己想走的路,除了要有深刻的自我认识以及足够的坚持,还要有清醒的规划。知道自己要什么,更要知道自己如何才能得到。

奥黛丽就是一个始终清醒,每一步都走在计划中的人,这需要极大的毅力和自律。

在她还年少时,在芭蕾舞学院学习,给自己的规划就是成为一名舞蹈演员。为此她比别人付出了更多的努力,比别人更认真地进行训练,因为她知道自己要成为一名舞蹈演员,所以要求与别人不同。

那时候,奥黛丽的同窗们鲜有这种想法。她们可能只是因为喜好,或因为父母的选择而练习芭蕾,对她们来说,舞蹈也许很重要,但生活中亦有同样精彩的其他事要做,对未来,她们没有什么特别的规划。

唯有奥黛丽清醒又明白。所以尽管她当时的条件不是最好的,却得到了许多老师的赞赏——这样的女孩子,总会得到自己想要的。

转行成为演员之后，人们对奥黛丽评价最多的就是努力。她是个努力的女孩，尽管她有那样天使般的美丽面庞和令人赞不绝口的天赋，靠着好皮囊也可以过上一段鲜花着锦的好日子。但她从来不满足于这一点，甚至让每一个与她共事过的人，都更愿意用努力来形容她，而不是美貌。

她也知道自己应该如何塑造形象，这实在是一种超前的觉悟。《罗马假日》是奥黛丽真正的成名之作，之后公众逐渐认识到这个女孩，每一次出现在大家面前，奥黛丽总是保持着一种端庄典雅的形象。

这既是她自己，又不是她自己。

她知道这样的一面，可以成为自己形象最好的代言，所以极尽可能地维护着自己端庄的形象。私下的奥黛丽其实是不失活泼的，但很少有观众可以真正接触到她这样的一面。

她明白该如何经营自己的事业，尽管那时她刚刚开始走上正轨，但对自己的未来已有了规划。这个笑起来甜美的女孩，从来没有打算成为电影公司的赚钱工具，对自己的将来，她有极其清晰的认识。

这种规划和坚持的能力，是让她能够越走越远的基础。没有人是徒有天分，却不需要前行的，能够让一个人走到最后的，往往不是天分，而是他们的聪慧与拼命。

CHAPTER 3

走自己想走的路，也意味着不能够在途中迷失。

人生的道路很长，每个人都不能保证始终看清眼前的方向，始终看

第三章
成为天使的路注定不平坦

清自己内心的选择。

尤其是在年轻时，我们常常被一时的情绪所左右，做出追悔莫及的事。

谁还没有年少轻狂的时候呢？

但奥黛丽却表现出了难能可贵的成熟，不论是她阅尽千帆、人生过半时，还是在刚刚走入花花世界时。

自知之明，是奥黛丽始终未曾丢弃的。

刚刚在银幕上崭露头角，她就表现出了异乎常人的沉静和自省。尽管大多数人给予了她赞美和肯定，但奥黛丽更喜欢对自己的表现进行批判，哪怕你觉得她过于完美主义了。

她很清楚地知道，人们喜欢的是宣传出来的那个奥黛丽，所以她从未因那样的虚名而扬扬得意，反而时刻沉浸在一种紧张和不安里，逼迫着自己不断前行，去得到更多人的认可。

她总是把自己看得很低，以一种谦逊的、学习的态度，在表演事业的山丘上攀爬。

有一次，电影公司邀请她参演《樱花恋》，扮演一位日本姑娘。那个时代，西方人尤为喜欢以西方面孔去拍摄东方故事，许多女明星都乐于做这样的尝试，她们从没有想过自己去扮演东方人是否会有违和感，只把这当成一次工作的机会。

但奥黛丽却很有自知之明，谨慎而坚持地推拒了。她说，自己没有能力去演绎东方女人，人们也不会相信她扮演的是一位日本新娘。为了不搞砸这一切，她只好拒绝。

这样一个简单的道理，却有许多人都不明白。人们总是自不量力地去追求一些超乎自己能力的东西，却缺乏了可贵的谨慎与谦卑，而奥黛丽身上，从未失去这些美好的品格。

做一个漂亮的女人很容易，但一生维持美丽却很难。最是人间留不住，朱颜辞镜花辞树。所以，那些一生都有着迷人魅力，甚至可以将这种魅力经久不衰传递下去的女人，身上都具备更强大的东西。

强大到时间也无法带走她们的美，衰老也无法让人们遗忘她们的青春。这样的女人必定是聪慧的，懂得走一条独属于自己的路，才能留下特殊的、关于她们来过的痕迹。

奥斯卡颁奖礼上的紧张姑娘

CHAPTER 1

任何一种优雅与从容，都是阅历的体现。

奥黛丽有一股源自骨子里的优雅和从容，这与她年少时就经历了太多的坎坷有关。那些生死之间的际遇导致了她敏感的个性，却也给了她与年龄不符的成熟与优雅。

而即便如此，她也有过手足无措、不知该如何应对的时候。

初出茅庐，就拿到了奥斯卡奖影后，奥黛丽几乎紧张到不能呼吸。直到这时，人们才意识到她的年龄与她的气质有些不符，原来面对这样的惊喜，这个一贯从容的女孩也会失了贵族的优雅，变得可爱起来。

那是1953年的3月25日，对于奥黛丽而言绝对是不平凡的一天，她

第三章
成为天使的路注定不平坦

得知了一个令自己感到难以置信的消息——

凭借着在《罗马假日》当中出色的表现，奥黛丽得到了奥斯卡最佳女主角奖的提名。

天知道，奥黛丽压根都不敢想这件事，即便是最美的美梦，也不敢有这样的奢求。

毕竟，在电影的舞台上，奥黛丽还是一个百分百的新人，在出演安妮公主之前，她甚至都没有获得过一个属于自己的女主角角色。

这是她第一次成为主演，一向谨慎小心的她并不愿意给自己过高的评价，甚至觉得，如果自己的表现能稍如人意的话，就是最大的肯定。

对于奥斯卡奖，这个在电影人眼中至高无上的荣誉，奥黛丽从来没有过什么想法。要知道，连那些演技精湛、在电影领域摸爬滚打了许多年的演员，都在期盼着能够得到这一奖项，自己又能有多少竞争力呢？

奥黛丽觉得非常不可思议，仿佛一切都是一场梦。

她还没有见识过往后的那些大风大浪，很难在突如其来的赞誉与荣耀面前保持淡定，这大约是所有年轻人的共同之处。

当这份无与伦比的幸运降临到奥黛丽身上，她首先感到的不是狂喜，而是惴惴不安。

如同一个突然中彩票的人，在喜悦的背后往往是更深的忐忑，因为这种境遇的转换实在是太突然、太夸张了，一般人都很难消化。

在这种情况下，奥黛丽更不会想到自己不仅得到了提名，甚至还真成了最佳女主角的获得者。

既然一切都是出乎意料的，那她表现出的那种少见的失态，也就情有可原了。

事实上，一直保持着端庄沉稳形象的奥黛丽，始终十分重视自己的表现，遍寻她的一生，你都很难找出几个出差错的场合，而奥斯卡颁奖礼上的这次就显得更加特殊了。

CHAPTER 2

颁奖礼的当天，奥黛丽带着极大的满足和紧张坐在属于自己的座位上，尽管她也对最佳女主角花落谁家而感到无比的好奇，但她内心其实并没有多少获奖的准备。

当颁奖嘉宾展开信封，以夸张的动作向大家卖弄神秘，迟迟不肯念出获奖者的名字时，奥黛丽也跟着紧张起来，她做出了一个平时绝对不会做的动作——咬指甲。

无数研究证明，咬指甲是人们对婴儿时期习惯的一种回溯，当一个人在紧张的时候，脑海中一片空白，往往会无意识地做出一些幼时习惯的动作来放松。

只有在极其紧张的时候，奥黛丽才会做出这个让她显得有些幼稚又可爱的动作。

当颁奖嘉宾念出最佳女主角的名字——"奥黛丽·赫本"时，奥黛丽几乎是机械性地站起身来向台上走去，她那时定然什么都想不起来了。

如果不是这样，你没办法解释，为什么一向从容的奥黛丽，居然在上台的时候走错了方向。原本她应该在舞台的左侧上台，于右侧下场，但她完全搞混了。

第三章
成为天使的路注定不平坦

当沉甸甸的小金人送到了奥黛丽手中,台下爆发出雷鸣般的掌声时,她几乎不知道该往哪里走,差一点儿就撞在了礼仪小姐身上。

她的表现完全符合她当时的年龄,一个过于年轻的幸运女孩,似乎就该是这样子。但这又与以往始终优雅的她完全不同,此刻的奥黛丽让人们认识到了另一面,所以尽管她说着"这真叫人难为情",人们还是给予了善意的笑。

突如其来的成功,第一次登上如此重要的舞台,即便是奥黛丽早已经历过比别人复杂得多的人生,也一时间难以招架。

而许多年之后,当她已经多次提名奥斯卡奖,在演员所热爱的舞台上来过又去过时,她已经学会了用始终从容的态度去面对来自全世界的镜头。

她慢慢习惯了被人注视,习惯了被别人赞赏,习惯了处于最广阔的舞台上灯光所聚焦的位置,习惯了熟练地展现出自己的从容和游刃有余。

那时候,放下一切,远离繁华,急流勇退,宠辱不惊则成了新的挑战。

在奥斯卡颁奖礼上失态的那个女孩越来越远,一个优雅的女人越走越近。然而没有当初的那个女孩,就没有现在与优雅不可分割的奥黛丽,积累阅历,是一个不容许人们走捷径的过程。

你看,即便是奥黛丽这样始终不叫人失望的女人,一样有慌乱无措的一面,却也因此显露出真实的可爱,我们又有什么必要始终追求完美呢?

完美不过是面具,那个在奥斯卡颁奖礼上表现得有些紧张的年轻姑娘,才展现出真正鲜活的生命力。

接受自己的不完美,我们才能越来越淡定、从容地面对一切可能;

不断开阔自己的阅历，我们才能学会在泰山崩于前的时候，谈笑自若。

CHAPTER 3

即便是奥黛丽，也并非生来完美无缺，一样经历过招架不住的窘迫时刻。

只是，在面对自己的不完美时，有的人选择了逃避或耽于现状，奥黛丽则选择了跨过去。

跨过那个曾经不够强大的自己，才能够在挣扎当中成长，最终以更加从容的面貌回来。

从奥斯卡颁奖礼上的失态，可以窥见当时奥黛丽内心的紧张和不安，事实上那段时间她一直处于这样的状态。

一方面她还从来没有经历过这样大的场合，另一方面则是她难以接受这突如其来的成就。

成就，有时不仅意味着赞誉和收获，也意味着随之而来的压力。站得越高的人，就要站得越稳，否则跌下来的时候只会摔得更重。奥黛丽虽然年轻但并不浮躁，相反，她是个聪明的姑娘，尽管从未有人提过，她也深深明白自己此刻的压力。

初出茅庐就获得了奥斯卡奖，眼前的事业看似一片通途，实则也意味着，未来的每一步都必须要小心翼翼，任何一次演出都应该获得普遍意义上的成功。

这给奥黛丽施加了太大的压力，她对自己并没有什么信心。甚至当时，她决定再也不演舞台剧了。

第三章
成为天使的路注定不平坦

"这就像是给小孩穿上了大人的衣服，怎样都很别扭。我没有勇气说自己真正学会了表演，甚至于我常常感觉自己什么都不会，在舞台上，我会感到非常沮丧。"巨大的压力之下，奥黛丽几乎快要崩溃了。

如果她无法战胜自己心理上的压力，也许这颗冉冉升起的星星就将化为流星陨落，她将再也没有继续尝试的勇气。

抑或，她可能会止步于此，永远没有能力越过自己此刻的成就，出道即巅峰。

尽管当时，她感到了全世界给予的压力，甚至那些赞赏和喜爱都成了这个女孩的负担，但她还是坚持了下来。

在后来的日子里，奥黛丽一直坚持拍摄高质量的影片，《蒂凡尼的早餐》让她再创奇迹，《修女传》展现了她更上一层楼的演技，《谜中谜》里她首次挑战悬疑片，《盲女惊魂记》她贡献了一次精彩绝伦的表演……

她一次又一次让人们认识到，原来奥黛丽·赫本不仅仅有这样一副面貌，还有另一种姿态。

她不断前行着，不断累积着自己的阅历，让自己走过越来越多的路，跨过每一个曾经令自己觉得艰难的槛，把所有曾经挡在她面前的崇山峻岭都远远甩在了后面。

她不是被生活推着前行，而是掌握了自己的生活。

并不是年龄增长了，人就会自然而然地增加阅历，眼界与境界是需要不断突破的。如果你不向前走，就永远都无法触碰到自己的顶点，更无法突破它，迈向另一个世界。

那样,也就永远无法施展从容淡定,微笑面对人生。

去挑战吧!突破自己,你才会在回首过往的时候,发现那个弱小的自己早已不可同日而语,就如同奥黛丽·赫本的蜕变一般。

坚强,在坠马之后

CHAPTER 1

在那个性感当道的时代,奥黛丽用自己的方式诠释了什么是真正的优雅,什么是真正的美。

这让她成为过去那个美好时代的标志之一,成为一代人的女神,也让人们忽略了她在其他方面的成就。

比如她不比别人差的演技,比如她比一般人更强大的内心。

奥黛丽其实是一个坚强的女人。尽管大多数人在看到她时,总喜欢把她当成一个优雅的公主,抑或是天真烂漫的小女孩,情不自禁想要给予她一些宠爱,但她其实很独立,又有着常人所不能及的顽强坚韧。

从一些微小的地方,我们便能感知到奥黛丽真正鲜活的一面——那是充满生命力的。

她看起来就像个不食人间烟火的仙女,合该睡在华丽的宫殿城堡里,等待着侍女为她送来世上最好的一切。而实际上,奥黛丽拥有极强的生活能力,是个非常独立的女人。

一个记者在采访过她之后说,奥黛丽不仅会修保险丝,还会给洗衣机装水龙头,简单的机器坏了,她也会修理。这当然不是在说谎,她当

第三章
成为天使的路注定不平坦

场帮这位记者修好了一个录音机。

这个看起来娇滴滴的姑娘,点亮的特殊技能似乎比人们想象的要多得多。她年少时就跟着母亲去大城市闯荡,从伦敦到美国,艰难的时候靠拍广告片维持生计,住在租来的房子里,只能吃着面包憧憬着明天的美好。

这样的生活远不是人们所想的那样安稳,吃点苦头又算什么呢?

那些觉得奥黛丽理应生活在温室之中的人,其实是看低了她。尽管她经历过许多风雨,却依然可以演绎天真烂漫,但并不意味着这就是一个不谙世事、游戏人间的姑娘,她走过的每一步都比别人想象中要曲折些,经历过的苦难也比旁人认为的多。

一厢情愿去定义她,甚至美化她的过往,不过是把这个独立又坚强的女人解读得肤浅了。她一直是优雅的,但不是不沾烟火的优雅,而是红尘中潇洒走过,一身伤痕依然从容美好的优雅。

这样的经历,才造就了一种真正的魅力。

未曾清贫难成人,不经打击老天真。优雅是一种有深度的气质,不同于皮相的美貌,它是一个人思想和深度、修养与经历的体现。此时的磨难,将成为彼时的资本,任何付出都是有回报的。

就如同奥黛丽,在她的气质里藏着她走过的路,你一眼看去,就知不简单。

CHAPTER 2

奥黛丽的那种坚强,是许多人都没有机会体验的。

因为大多数人都没有经历过她所遭遇的磨难。

可即便如此,她依然能在痛苦之中展露微笑,这绝不是一个简单的弱女子。

1960年初,奥黛丽在墨西哥拍摄了一部叫作《恩怨情天》的影片,这部影片并不成功,甚至给奥黛丽带来了许多的冷嘲热讽,拍摄的过程也非常不顺利。

在影片中,奥黛丽有相当多的骑马戏份,乍一听到时她非常犹豫。由于儿时曾从马上跌落下来,导致她摔断了锁骨,奥黛丽的内心一直很抗拒这项运动。但导演说服了她,他告诉奥黛丽,骑马的戏份会采用替身演员,而奥黛丽只需要骑着马走五十米,就可以完成拍摄任务。

她这才犹豫着答应了。

很难说奥黛丽当时的犹豫,是不是源自冥冥之中的一种恐慌。尽管她只需要骑马拍摄几个镜头,还是发生了意外——她坠马了。

当奥黛丽骑着马走向导演的镜头时,她感觉自己控制不好马,一直找不到一个合适的拍摄角度。旁边的工作人员看到了,试图去帮助奥黛丽,就挥舞着手臂走到马面前让它停下。

没想到这个突如其来的插曲,没能帮上忙,反而吓坏了当时已经焦躁不安的马。它立刻高高弹跳起来,坐在马背上的奥黛丽措手不及,重重摔在了地上。

大明星奥黛丽受伤的消息一出,媒体便蜂拥而至。在她被送往医院的过程中,依然有记者全程拍摄。作为一个敬业的演员,尽管她当时痛到抬不起身来(后来被诊断为四脊椎骨骨折、脚部严重扭伤),但在面

第三章
成为天使的路注定不平坦

对镜头的时候，依然表现出了令人心悸的镇定和从容。

她躺在即将送上车的担架上，却还坚持对着记者的镜头微笑，甚至挥手跟他们打了个招呼。即便她此时紧皱双眉、大呼痛苦，也绝不会有人忍心去苛责这样一个伤患，但奥黛丽依然忍住了，以一种极其体面的方式出现在大家面前。

这既是她所坚持的职业原则，也是骨子里的坚强。虽然她是一个性情敏感、脆弱的女人，在情感和精神上往往需要来自别人的支持和鼓励，但她也拥有超乎寻常的坚强，能忍受很多常人不可接受的痛苦。

要知道，奥黛丽当时正处在一个非常特殊的状态——她怀孕了。

她一直渴望着成为一个母亲、拥有一个自己缺失的温暖家庭，但这对她来说并不容易。战争损害了奥黛丽的健康，身为演员的忙碌，又让她很难处于安稳的环境，在这之前她已经经历了两次痛苦的流产。

所以对这个孩子，奥黛丽是期待又珍惜的。任何人都不能想象，当时正准备迎接母亲身份的奥黛丽，躺在担架上时是怎样紧张和痛苦。

她是那么坚强，尽管内心惴惴不安，身体也遭受磨难，但依旧没有丢失从容的风度，更没有给身边的人带去压力和糟糕情绪。我甚至有些心疼这个女人，在这个时刻，她依然不肯流露出一丝脆弱。

她不是攀附别人为生的菟丝花，而是活得灿烂又热烈的木棉树。尽管艳丽的色彩让人们更愿意感受她娇弱、少女的一面，但不可否认，她依然靠着自己的力量，深深扎根于这个世界。

每个女人都应该活成她这个样子，脆弱又坚强，优雅又强大。

CHAPTER 3

坠马之后，奥黛丽得知自己的孩子并没有太大危险，就在短暂休养之后，又回到了影片的拍摄现场。为了保障剧情的完整性，她甚至选择了再次挑战自己，骑上那匹曾让她摔伤的马。我们并不知道她到底克服了怎样的心理压力，但剧照中的奥黛丽表现完美，丝毫没有让人感觉到她的紧张与不安。

尽管这并不是一部好剧，但奥黛丽在其中奉献了一个敬业演员的辛劳。

令人遗憾的是，那个让她牵肠挂肚的孩子并没有保住。怀胎十月，一朝分娩，却发现这个孩子是个死胎。坠马都没有给予她如此的痛苦，但失去这个孩子让她遭受重创。那段时间，奥黛丽频繁抽烟以缓解自己的焦虑，体重一度降低到了三十公斤，完全是瘦骨嶙峋的状态。

她太伤心了。

原来，再坚强的女人也会有这样脆弱的一面，在没有真正伤到根本之前，她们完美无缺的武装不会被任何伤害所击倒，但只要被抓住了软肋，就可以瞬间溃不成军。

可只有这样，才是一个有血有肉的凡人啊！

在追求自己事业的时候，可以如同铁人一般敬业，面对任何坎坷都微笑而过；可成为一个母亲的时候，又成了这世界上最柔软的存在，任何一丝风险都让她无法忍受。

这就是奥黛丽。

我们不必成为另一个奥黛丽，不必去承担她也遭受过的磨难和痛苦，

第三章
成为天使的路注定不平坦

但我们可以成为奥黛丽一样坚强的人，咬牙去面对人生的诸多难关，在眼泪摇摇欲坠的时候，选择勾起嘴角，保护自己的尊严和体面；我们也可以成为奥黛丽那样感性的人，在面对自己情感所系的对象时，暴露出脆弱的一面，放心地将自己的后背与真实展现给对方。

你不必完美，脆弱和坚强都是你真实的那一面，都是你认真生活的态度，而这样就很美。

是息影，更是不平凡的选择

CHAPTER 1

在人生的不同阶段，我们终将会扮演不同的角色，适应每个阶段的生活对大多数人都是一个挑战。

有些人在职场上频频碰壁，是因为无法适应从象牙塔中走到社会，从学生转变为职场人的状态。

有些人在家庭中显得笨拙又焦躁，是因为还无法适应自己丈夫或妻子的角色。

有些人在初为人父母时，总是埋怨自己做不好一个家长，小心翼翼去尝试着抚育一个小生命，这是在渐渐接受自己父母的责任……

每一次角色的转换对我们而言都是一种挑战，但也可以看作是人生新阶段的开始。只是在这样一个新的阶段，我们总要做出取舍，这是最难平衡的。

你需要在选择时，知道自己真正想要什么。

在成为一个母亲之后，奥黛丽也面临着人生的一个角色转变，那个一心追逐事业的女人，现在也有了一个小小的牵挂。拍摄《盲女惊魂记》时，奥黛丽几乎每天都要打越洋电话，只是为了跟自己的儿子肖恩说说话，她实在太思念他了。

她完全享受自己身为母亲的日子，每次想到自己要离开儿子时，都会觉得无比难受。

也许是时候暂停工作了，奥黛丽无数次产生过这样的念头。

那时，正是她职业生涯最巅峰的状态，是一个女演员可能拥有的最后一段好时光。在《盲女惊魂记》当中，奥黛丽再一次迈上了演技的新台阶，如果能够坚持下去，她有机会完成事业上的华丽转身，向所有人证明奥黛丽不仅仅可以演绎优雅的公主、天真的女孩，也可以带来更多不同类型的角色。

如果选择离开，这一切都可能成为泡影，再想继续此刻的辉煌就很难了。

一边是自己期待已久的幸福家庭，一边是努力奋斗了许多年的事业，任何人站在奥黛丽的角度都会觉得十分为难。但这一次，她没有表露出一点儿犹疑和脆弱，毅然决然宣布了息影。

此后的八年，荧屏上、新闻里，很难再见到奥黛丽的影子。她如同任何一个平凡的女人一样，专心享受着家庭生活。

在人生的不同阶段，她选择了扮演好自己不同的角色，而且一旦做了选择，就全力以赴。尽管在事业的巅峰期急流勇退，令许多人都觉得遗憾，但我想奥黛丽是绝不会后悔的。

第三章
成为天使的路注定不平坦

奥黛丽与孩子的幸福时光

因为她永远知道自己想要什么，并且一直在为自己想要的东西而奋斗，即便这与旁人所想的不同。所以此刻，当她想要成为一个母亲的时候，再喧嚣热闹的舞台都无法挽留她。

就如同奥黛丽所说的那样——

"生命中最重要的事，就是要享受你的生活，一定要快乐，其他的事情都不重要。"

CHAPTER 2

息影，对奥黛丽来说是一个不平凡的选择，但她十分坚定、毫不后悔，因为对即将到来的身为母亲的生活，她期待已久。

"我一直都很想要孩子。"奥黛丽一生都渴望着拥有可以互相关怀的亲人，在父母那里她没有得到这样的感情，在爱人那里她又频频碰壁，总是遇人不淑，所以她更期望着能够拥有自己的孩子，并做一个普通的、幸福的母亲。

尽管当时她已经是最当红的明星，但还是选择为了孩子放弃拍戏。如果拍戏的话，至少要有三五个月的时间无法跟孩子待在一起；如果孩子想要来剧组，必然要经历许多波折，很多时候都无法成行。而当时，奥黛丽的长子肖恩已经到了上学的年纪，她如果想长时间见到孩子，必须安定下来。

拍电影已经完成了她太多的梦想，再继续下去就只是赚钱而已，在职业生涯，她已经没有什么遗憾了。所以，尽管这份工作能够给她带来足够的金钱，但她还是清楚地知道什么更重要——回家去，在孩子最需

第三章
成为天使的路注定不平坦

要她的时候陪伴他们，不错过他们成长的过程。

有多少人能在名利面前，依然保持足够的清醒，明白自己的本心呢？我们常常因为外界的许多干扰，无法做出不忘初心的判断，却在无法挽回时候追悔莫及。可是走错了路，想回头又哪是那样容易的事呢？

最好就是不后悔地前行，每一次都做出清醒的判断。

奥黛丽决定息影的选择，之所以那样不平凡，不仅仅是她在巨大的利益面前表现出的淡定，更是因为这种判断所体现出的清醒。她在人生的重要阶段，始终知道自己的本心所求，这才是最难得、最不平凡的事情。

我们许多人都无法做到奥黛丽这样的决然和果断，所以在人生的选择路口上，犹犹豫豫，摇摆不决。我们总是既想要这个，又想要成全那个，却忘记了人是不可以这么贪心的，鱼与熊掌不可兼得，人不能凭着有限的精力去做好所有事。

所以我们往往因为犹豫而失去机会，因为想要的太多，所以什么都做不好、得不到。

不如学学奥黛丽的果断。在该做一件事的时候就全力以赴，丝毫不在意旁人的议论，做出了选择就不后悔，不去遗憾自己放弃的选项。

这样的人生也许更加明媚一些。

CHAPTER 3

路都是人走出来的，生活都是人过出来的。同样的日子，相似的选择，不同的态度也会决定不同的过程和结果。

奥黛丽选择了息影回归家庭，依然把许多人眼中平凡乏味的家庭主妇生活过得精彩，这就是态度所决定的结果。并不是每一个全职母亲都空虚寂寞，孤独地坐在空荡荡的房间发呆，她们一样可以活出自己的风采。

这就是选择之后，经营生活的能力。

奥黛丽做家庭主妇的日子也很快乐。她喜欢花，就在花园里种满了玫瑰、大理花和八仙花，空闲的大量时间都被她放在了照顾花朵上。

这是一份与美丽同行的工作，能令人的精神得到熏陶，实在是一种享受。

她很喜欢美食，更愿意自己下厨，常常在厨房里和厨师一起烹饪晚餐。所以在儿子肖恩的眼里，自己的母亲并不是什么大明星，只是一个很有生活情调的温柔母亲。

她还会和很多母亲一样，在孩子的教育上倾注心血。肖恩的功课往往都在奥黛丽的监督下进行，她甚至还定了规则，让肖恩每天只能看半小时电视、每周只能喝一瓶可乐。

她全身心沉浸在家庭主妇的角色中，并且做得很好。曾有人问过她是否后悔，奥黛丽的回答十分简单：

"我所做的，只是崇拜我的工作，并且做到全力以赴。现在，我想要照顾我的丈夫和孩子，我愿意做一个好妻子、好母亲。"

人们都误解了，她的选择并不是不情愿，而是一种主动积极的选择。她享受着回归家庭的每一天，在这样的生活中感受到了无与伦比的快乐，这就足够了。

这就足以证明，她做出了正确的选择。

第三章
成为天使的路注定不平坦

奥黛丽并没有将家庭生活看作是枯燥乏味的,她仿佛有一双神奇的巧手,将原本平淡的生活也过得很有趣。可见,一个人的选择固然很重要,但在这之后的经营一样重要。你以什么样的态度对待自己的生活,生活就会你什么态度对你。

奥黛丽息影之后的日子也并不是一帆风顺的,她经历了跟自己的丈夫梅尔离婚、处于痛苦单身的波折,也遇到了新的爱人安德烈,再一次坠入爱河并生下了自己的小儿子。大起大落不过如此,但不论是那些痛苦的还是幸福的日子,奥黛丽都过得很认真。

有时候,选择无所谓对错,只取决于你如何走选择之后的路。如果你怀抱着不满、懈怠的态度去对待自己的选择,即便是能令你焕发另一种光彩的通天之道,一样会让你走成绝路;如果你怀抱着认真、享受的态度去对待自己的选择,就算旁人眼中平淡的日子,一样可以在你这里被演绎得有声有色。

你对生活的态度,决定生活对你的态度。

认真生活,总是值得回报的。哪怕你未必会事事顺意,但至少在人生结束的时候,可以说一句,不虚此行。

从容看尽花开花落

CHAPTER 1

"我当然不会试图摘月,我要月亮奔我而来。"

年轻时的奥黛丽·赫本曾这样说。

似乎这一路走来的所有顺风顺水,都是顺理成章。她从没有强求过什么,只是做到了自己认为应该做的,然后等待。

就算摘不到月亮,也没有什么关系,生活还是会继续下去。

除了突如其来的声名大噪曾经令她感到不安,大多数时间,奥黛丽都能以非常淡然的态度去看待自己的事业或者名声。即便精心拍摄的电影可能并没有给她带来什么奖项,在短暂的失落之后,她总能打起精神来去看到其中好的一面。

坦然地说,对生活中的一切变动,她具备一种可贵的淡定和适应力。

当她选择了为家庭、为孩子,在事业的巅峰期息影时,许多人都猜测,这或许是奥黛丽一生中做的最让她后悔的决定。他们也在怀疑她能否承受这种从舞台上谢幕、于热闹中隐身的落差。

总之,他们绝不相信一个当红明星可以适应家庭主妇的生活。

但实际上,她适应得很好。

很多人都曾经询问奥黛丽的长子肖恩——有一位这样著名的母亲是怎样的感受?

肖恩却很难回答这个问题。在他眼中,奥黛丽先是自己的母亲,继而是自己最好的朋友,最终才是一位演员。他甚至是在母亲去世后才逐渐清楚她的影响力,清楚她到底拥有怎样不同寻常的地位。这些对肖恩来说是很陌生的。

因为,从舞台上隐退的奥黛丽,很认真地享受着母亲的生活,从没有表现出对过去前呼后拥、众人瞩目的日子的留恋。她没有让孩子在演艺行业的环境中长大,甚至不在家里放自己演出的电影、不会带自己的

第三章
成为天使的路注定不平坦

孩子进入演艺圈交际。

孩子们成长于一个完全正常、普通的环境。头几年，他们住在自己瑞士的家里，那里非常安静、平和。肖恩到了上学的年纪，就在附近村庄的一所小学读书。

孩子们的玩伴并不是电影制作人的孩子，而是农民、老师、普通职员家或者孤儿院的孩子。他们保持了难得的童心，从未被花花世界的浮光掠影所影响。

肖恩小时候最羡慕的是邻居家的孩子，他有一辆父亲亲手制作的火车玩具。在肖恩小小的世界里，这可是最带劲的玩意儿，太值得羡慕了。

即便后来搬到罗马，他们的日子也很简单。奥黛丽每天都会去学校接孩子们放学，丝毫不顾及所谓"大明星"的身份。

偶尔也会有记者找到机会来拍摄奥黛丽的新闻，或者去拍肖恩。一开始，他们会叫他"大明星的儿子"，但很快，他们会被肖恩踢足球的天分所吸引，随即转移了注意力和称呼。

所以，孩子们的生活因为母亲身份带来的困扰，是很微小的。他们甚至与记者们相谈甚欢后，也没想过为什么他们总会出现在家附近。

他们一家人都享受平凡。

在孩子们读书的日子里，奥黛丽选择长时间待在家中。对待与过往天差地别的生活，她以积极的态度适应，从未有过不安和抱怨。甚至以她敏感、沉默的性格来说，这样的生活说不定更适合她。

"我可不是失落地坐在空空的房子里，一个人咬着指甲发呆，事实上和其他的母亲一样，我为我的两个儿子骄傲。"

做明星，对奥黛丽来说是一种职业，选择了这份职业，就要有负责的态度，所以她愿意全力以赴。同样，当她不想做出这种选择时，转身抛下所有功名利禄，也是很简单的。

做母亲，她很骄傲。

唯有不在意，方能从容。追逐金钱、名声、权势的人，绝不会做出奥黛丽这样的选择，也绝不会如同她一样从容。一个人如果在意的太多、想要的太多，往往会活得很累。

能够保持从容淡定的，都是懂得"舍得"的人，明白应该舍弃什么、保留什么的人。这样的人，才会过得满足、快乐。

追逐月亮本身就是一件很累的事情，为何不做好一切自己能做的，静待月亮奔来呢？

CHAPTER 2

在退出影坛八年之后，奥黛丽决定复出。当然，她本人从没有说过复出这样的话，因为她也没有说过永久退出这个舞台。

拍电影，或者不拍，都是自己的选择，随时可以休息或重新开始，这是属于奥黛丽的洒脱和自由。

那时她与第二任丈夫安德烈的婚姻有些不愉快，大儿子肖恩早已适应了学校的生活。也许是为了逃避婚姻中的不快，也许是为了证明自己的价值、做些有意思的事，抑或仅仅是为了打发时间，她决定重回电影行业。

这一年她拍摄的是《罗宾汉与玛丽安》。

对奥黛丽而言，回到阔别已久的舞台是需要勇气的。在她离开的这

第三章
成为天使的路注定不平坦

几年里,电影圈发生了翻天覆地的变化,工作模式的改变就是她需要适应的。除此之外,是否还有影迷在期待着她回归呢?相信她也一定想过这个问题。

一代新人换旧人,离开也许很容易,从繁华到落寞也并不难适应,但从边缘再回到中心,其实最需要勇气。

而奥黛丽并没有恐惧这些,她依然从容地适应了一切。

她很重视这次回归,毕竟自己已经多年没有出现在银幕上了,一向有些完美主义的奥黛丽不喜欢以不体面的方式再次出现。除了带上自己还没有上学的小儿子卢卡之外,奥黛丽专门邀请了过去长期合作的妆发师阿贝尔·德罗西夫妇,以保证自己的状态保持在最佳。

片场的状态一定令她非常震惊。在奥黛丽息影之前,电影圈的节奏是缓慢的,一部电影可以拍摄几年之久,保证每个镜头都是完美的。譬如奥黛丽在拍摄《窈窕淑女》的时候,一个关键的镜头可以拍摄四个多月,这对演员、导演和剧组都是一种考验。

但复出后,一切都不是当年了。

快节奏在侵蚀着这个行业,拍电影变成了"吃快餐",导演计划在三十六天之内就将这部电影拍完。很多时候,只要这个镜头拍摄得还可以、演员表现差不多,他就会通过。

对现在的电影人来说,奥黛丽习惯的那种一遍遍打磨、一遍遍调试的方式,太过吹毛求疵了。一幕戏,他们往往拍摄一两遍就过。

奥黛丽很担心,这样匆忙的赶工,自己在其中能否表现出最好的状态,她担心情况会在赶工之下变得越来越糟糕,这种失控对她而言是一种折磨。

她是个非常严谨的、带着旧时代贵族气息的女人，并不喜欢这样过于匆忙、不谨慎的工作态度。但她并没有因此就不合作，依旧尽力适应着电影的拍摄节奏。

除此之外，电影为了节约成本，取消了许多过去好莱坞会给予演员们的福利。以前，奥黛丽出入有自己的豪华礼车，还有私人秘书帮忙处理事务，甚至有专门的账户发给零用钱，连座椅都印着自己的名字，随时可以拿来用，如果拍摄时间太久，还有专人负责下午茶。

那时，导演怀尔德夫妇在拍摄《黄昏之恋》时，仅仅因为酒店的马提尼酒调制得不好，就拒绝入住。

现在，一切特权都消失了。

奥黛丽已经不再年轻了，对这个年纪的人来说，固执、不愿意改变往往是他们最大的特色，他们坚持着旧式的生活方式与思维习惯，不愿意承担一点儿变动的风险——尤其是变得更差。

但奥黛丽全没有这样的状态，她依旧沉默地融入了新的环境。没有椅子的时候，就从小化妆间里自己搬一把出来，好像过去一直都是这样做的。尽管穿上的不是好友纪梵希设计的衣服，而是为了仿古赶制的粗布麻衣，她还是保持着演员的素养毫不矫情。恶劣的拍片环境没有影响她的发挥，虽然大多数镜头都是一两遍就过，但奥黛丽表现出的能力依然是值得称赞的。

她经受住了考验，表现出了一个好演员的素质。如果奥黛丽过去总是怀疑自己的实力，这一次也应该放心些了。

第三章
成为天使的路注定不平坦

"我们再次被提醒了,曾经有个演员如此吸引着我们,并且紧紧抓住我们的心。"电影非常受欢迎,影评人在《时代》杂志上这样称赞奥黛丽。

退可洗手做羹汤,进可舞台秀风光,无论是在聚光灯下还是在瑞士的乡间小屋里,奥黛丽始终保持着自己的淡定和平静。她没有后悔过自己的离开,在回来的时候得到赞誉,也没有感到惶恐不安、惊喜不已。

仿佛一切都在意料之中。

CHAPTER 3

举世誉之而不加劝,举世非之而不加沮,一颗"平常心"不过如此。经历过无数大风浪的奥黛丽·赫本,已经在岁月中沉淀出了我们所熟悉的优雅模样。这样的优雅当然不只是照片、影像中肤浅的表现,更是对待生活、工作和情感的态度。

她表现出这样的态度——把作为电影人在全世界观众面前表演的事业看得很平常,与旁人并没有什么差别,这是最难得的。

有一颗平常心,淡定应对一切,才是她在这个舞台上得到最多的。

大多数人往往不能如奥黛丽一样保持淡定从容,不能以平常心看待名利荣辱,这也是他们与奥黛丽最大的差别。

淡定感受人去人来,平静赏看花开花落,是一种需要修炼的心态。许多人将外物看得太重了,便习惯活在别人的眼中。旁人的评价在他们那里是最重要的,有多少人追捧成为他们评判成功失败、好坏的唯一标准,能对别人颐指气使成为他们事业的追求之一。

这就是一种心态的失衡。

奥黛丽始终保持着良好的心态。她的儿子肖恩曾说："做演员只是母亲的第二选择，一个无奈的选择，但是对母亲来说，这和跳芭蕾一样，都有必须遵守的原则：努力工作、遵守纪律和拥有职业精神。"

为什么她始终能将自己追求的事业做到最好？因为她把那看作一份需要遵守原则的职业。只要是自己的工作，就要努力，遵守纪律，坚守职业精神。

所以，她不曾因为光环加深而陶醉不已，也不因为掌声雷动而对舞台恋恋不舍，她知道，那只是一份职业；她不曾因为境遇的不同而怨天尤人，也不曾将名声大小放在心上，因为她有职业精神。

她把别人眼中看得很大的事情，看得很小，把复杂的道理，凝练成简单的原则。

没有什么学不会的人生法则，如果你也能从奥黛丽那里学到一些对职业的简单看法，就能明白名利、地位、权力都不过是你工作的附加品，而你只需要做到努力、遵守纪律和坚守职业精神，你也会拥有那样的从容。

纯粹一点儿，也就淡定一点儿，也会走得更远一点儿。把任何事情都想得复杂，只会渐渐迷茫、失去本心，反而忘记了如何以优雅的姿态前行。

天使，直到永远

CHAPTER 1

1989年，奥黛丽·赫本客串出演了人生中的最后一部电影《直到永远》。

第三章
成为天使的路注定不平坦

这一年,她六十岁。

美人不老,优雅永存。尽管这些年的奥黛丽一直处于一种半息影的状态,将更多的精力放在生活上,但每次她露面的时候,都会引起人们的热议和追捧。她永远是那个众人心目中的公主和女神。

可对于奥黛丽而言,这已经不是自己追求的了。当她已经实现了自己事业上的追求时,影坛已经不是她留恋的地方,她选择把自己的精力放在更有意义的事情上。

1988年,她主动申请成为联合国儿童基金会大使,在这之后,直到离世,她所有的精力与时间都放在了儿童基金会上,倾注在了抚慰全世界孩子的事业上。

晚年的她,如同自己在《直到永远》中所扮演的天使角色一样,成了真正的天使,且直到永远。

如果说在过去,人们对奥黛丽"如同天使"一样的认识,多半来源于她的美貌、优雅、好脾气和彬彬有礼,那么在奥黛丽为孩子们付出的后半生,人们则毫无异议地认同,她是一个内心如同天使的人。

并不是每个人都能成为这样的角色,貌美的女星有很多,不是人人都具有奥黛丽·赫本的地位。她不是时尚圈最出名的人物,不是电影圈最高荣誉的演员,但却在世界影坛占据了不可忽视的地位,很大程度也受她个人魅力的影响。

慈善,那种心怀世界、无差别的善意,是让她备受喜爱的重要原因。

老吾老以及人之老,幼吾幼以及人之幼,则天下大同。一个人要像爱自己的孩子那样,爱护别人的孩子,一视同仁,是多么难得的一件事!

奥黛丽·赫本传
　　用灵魂亲吻世界

但奥黛丽几乎做到了完美。

　　晚年的她，大多数在公共场合露面的照片都很"热闹"，里面不仅有她，还有大大小小、衣着褴褛、脸上或羞怯或开心的孩子们——他们大多都生活在第三世界国家。奥黛丽常年往来于这些地区，因为她放不下那里被战乱、贫困和饥饿所困扰的孩子们，她在每一张照片里，都毫无距离感地拥抱着每个孩子，丝毫看不出这是一个享誉世界的大明星。

　　她把这当作一个母亲应该做的事情。

　　当她回忆一生的时候，这样说：

　　"一个人总是要死的，但我最依依不舍的不是自己的生命，而是第三世界那些被战争、干旱和饥饿困扰的儿童。"

　　大爱不过如此。

晚年致力于慈善事业的奥黛丽

第三章
成为天使的路注定不平坦

她比过去的自己，走得更远了。

CHAPTER 2

这样的善良，来自一种同理心，来自一种感同身受。

奥黛丽在幼年时期所遭遇的一切动荡，无论是来自家庭的，还是来自战争的，都给她留下了一生都无法消散的阴霾。

有的人在这样的阴霾中，会变得越来越忧郁，他们可能会沉浸在过往的痛苦里，一生难以自拔。

有的人会走向一条错误的路，他们拼命想摆脱旧日的噩梦，却在不经意间长成了伤害自己的那些人的样子，成了新的加害者。

还有的人，会在痛苦中救赎自己，会选择将自己未曾得到过的善意给予别人，想把自己没得到过的安稳给予别人，只希望别人不要走自己的老路。

奥黛丽就是最后一种人。虽生于患难之间，却没有怨天尤人，更没有因此产生不平衡，反而只想成为别人的保护伞。这样以德报怨，心存感恩之心的人，如今已越来越少。

即便存在，说不定旁人也要笑一声"傻瓜"。

可她就是当着这样的傻瓜，甘之如饴。善良永远是没有错的，当我们在自己力所能及的范围内播撒善良的时候，没有人有资格嘲笑或指责。

事实上，这个社会必当有人负责善良。善意不会凭空而来，往往是从别人那里接受了善意，才更愿意以善意对待别人，这便是一个互助的社会了。

奥黛丽·赫本传
用灵魂亲吻世界

我们不能总奢望得到旁人的帮助，却自私地不愿意帮助别人，这样你将永远无法得到善意。

奥黛丽就是将善意的火种传递下去的人。少年时在战争当中艰难求生，但她也得到过来自别人的善意，与母亲曾经受到红十字会的救助。正因为得到了救助，她才能一生都心怀感恩，并且热衷于寻找机会，将这份善意传递下去。

唯有让善意流动起来，才能汇集成一股力量。

大概就是在二战结束的时候，奥黛丽产生了对联合国儿童基金会的向往。解放前的日子，就像黎明前最后的黑夜，对于已经在漫漫长夜中熬过许久的人们来说是最艰难的。在德军的统治之下，整个荷兰陷入巨大的饥荒之中，食物少得可怜。当时的奥黛丽已经和母亲躲避到了乡下，她们大多数时间都没有东西吃，长期的营养不良给她留下了一生的后遗症。

战火平息之后，并不意味着幸福就接踵而至，没有钱、没有工作养活自己、缺乏食物，都是亟待解决的问题。

绝望之中，奥黛丽和母亲等来了红十字会的救助。人们得到了免费的救济品，得到了食物、药品和衣服，这救了他们的命。

联合国儿童基金会把学校当作救援中心，优先给孩子们提供最全面的帮助，奥黛丽也从中受益颇深。甚至有一段时间，她和母亲得到了基金会安排的救灾工作，才勉强维生。

这个女孩儿就将内心深深的感恩种下了，一生都没有忘记。

基金会的救助是不求回报的，但善良的、心怀感恩的人并不会当作理所应当,他们会选择将这份善意传递出去,而这才是慈善事业能够在无数人手中发展继续的原因。

心怀感恩,世界才会变得更好。

我们不必如同奥黛丽一般,成为一个对世界都有巨大影响的慈善事业救助者,但心怀感恩和善意,是每个人都可以做到的。社会的善良不会凭空出现,一滴一滴个人的善意汇集起来,自会有涌泉的力量。

CHAPTER 3

在成为联合国儿童基金会亲善大使之前,奥黛丽就已经在为慈善事业倾注自己的力量了。与许多想要通过做慈善来求名求利的人不同,奥黛丽想要成为慈善大使,只是因为想要在原本做慈善的基础上,拥有更大的影响力,可以做更多的好事。

这其中有本质意义上的区别。

只有内心纯粹的人才能真正成为天使,只有真心想要去做这份事业的人才可以传递出爱心,而不是作秀。虚伪的善意甚至比不上真实的自私,我们应当传播的是发自内心的善,而不是表面上的伪善。

跟那些穿着华贵的奢侈品在孤儿院面前摆拍、面对难民孩子只会微笑却吝啬一个拥抱的作秀者不同,奥黛丽的慈善事业是实打实的。

她不喜欢奢侈,大多数时间里都是穿着最简单朴素的衣服,乘坐最普通的交通工具。在临终前回家的最后一趟旅行里,她才第一次乘坐了私人飞机,尽管她早就能拥有它们。

她在参加儿童基金会救助活动时,更是如此。为了方便在非洲等地方的第三世界国家活动,她习惯穿着简单利索的衬衫和裤装,一切穿着打扮都以方便为要。任何艰苦的环境,她都没有皱一皱眉头,在无数镜头下她眼神中都流露出一种自然而然的坚毅,与不忍孩子们受苦的悲悯,毫无其他。

在许多的照片里,她坚定地抱起一个饥饿得站不起来的瘦弱儿童,或者跟一个衣衫褴褛的孩子手拉手相视而笑,就像照顾自己的孩子一样。她从来没有抱怨过环境不好,也没有嫌弃过那些战乱中的孩子够不够干净、是不是生病。

甚至连那些为数不多的照片都像是抓拍的。她清楚自己来的目的是为了帮助孩子们,而不是在这里作秀一样拍几张照片,摆几个姿势。

只为了踏踏实实去做事,而不是为了博取众人的夸赞,更不是为了获得些许新闻,这样单纯的付出更显得可贵。

善良本就是单纯的,别让它染上过多复杂的色彩,染成你也不认识的样子。唯有保持一颗单纯的良善之心,才能如同天使般的奥黛丽一样,真正得到善意的对待。

第四章　一生所求，唯爱而已

在爱情里寻找失落的亲情

CHAPTER 1

原生家庭，一个能够影响人一生的概念。

奥黛丽从原生家庭那里得到的缺憾，影响了她对于"爱"的认识和观念，她一生都在爱情里寻找自己失落的亲情。

她总以为，爱就应该是一心一意，却又不敢奢求永远。她总想寻找跟自己有相同经历的人，温暖对方并汲取温暖，如同两只相互依存的小兽一般，如果她发现自己不能帮助对方，就会感到失望。

这都源于她在原生家庭里所遭受过的感情伤害。父亲的不告而别，让她总怀疑自己不够好，总担心一份爱不能长久，也总想在感情中成为全力付出、抚慰别人的那个。也许，直到最后的十几年里，她才在安稳的生活中得到了平静，找到了真正的归宿。

在那之前，她也挣扎了许多年。

她有过两次婚姻，第一次与导演兼演员梅尔·费勒结婚，并生下了

奥黛丽·赫本传
用灵魂亲吻世界

她的长子肖恩；第二次与安德烈·多蒂结婚，生下了次子卢卡。但可惜的是，尽管奥黛丽为家庭付出、牺牲了许多，甚至为了孩子和家庭选择了息影，也还是没能和两任丈夫走到尽头。

梅尔的独断，安德烈的花心，总让奥黛丽不知道如何挽回和迁就。女神在生活中这样美好，却独独差了一点儿看男人的眼光。

事实上，梅尔与安德烈也拥有很多的相似之处。他们和奥黛丽一样，都没有出生在一个温暖、和谐的家庭，同样拥有感情上缺失的童年。梅尔和安德烈的母亲都很强势，喜欢掌控孩子的生活却不懂得表达关怀与母爱，他们缺乏必要的交流。在这样的环境下长大，他们的性格难免有些缺憾。

奥黛丽与梅尔·费勒

第四章
一生所求，唯爱而已

这与奥黛丽的童年是多么相似啊！

也许就是因为他们拥有相似的遭遇，让奥黛丽产生一种巨大的同理心和无法割舍的责任感，让她想要跟对方分担那样的痛苦，让他们能够在婚姻中走出阴霾、获得真正的爱。

潜意识里，她也希望找到和自己同样遭遇的人，分担自己的痛苦，让对方成为自己没有血缘的、真正的亲人。

但她不得不失望了，她没能帮助到对方，也没有从对方那里得到自己想要的永远。

在亲情中没有得到的，我们总下意识想在爱情中得到，就像生长在阴暗处的灌木，尽管见不到阳光，但一直心向光明。

追逐缺失的爱，是许多人的共通之处。只是，有些人在追逐的过程中，为了求得这份爱卑微到失去了自我，如同张爱玲所说的一般，低到了尘埃里，实在令人唏嘘。

愿意为了"爱"而牺牲一切，其实，只是因为恐惧失去爱。奥黛丽也曾在自己的婚姻出现问题时，尽全力地去挽回，甚至惶恐不安，变得那么不像自己。但当爱无法挽留，当爱已真正成为往事的时候，尽管失望，她却没有选择将就。

她选择了向前走，没有回头，不去看自己走过的鲜血淋漓的路。所以，她才在最后找到了灵魂的伴侣，一生的归宿。

追求爱，追求在亲情中缺失的那份安全感和爱意，并不是错的。只是我们绝不能因此丢失了自己，不能因为以前从未得到过，所以得到了就永不肯放手，哪怕它已经腐烂。该放下的时候，还是要放下，勇敢地向前走，你总会找到更好的。

CHAPTER 2

在失败的爱情经历里，奥黛丽逐渐学着如何去正确地爱一个人。

"爱是一种行动。爱不仅仅是坐下来谈话，从来都不是。"

"我们生下来就具备了爱的能力，但是我们还必须去锻炼它，就像我们锻炼其他的肌肉一样。"

爱需要行动，需要表达，需要练习，只有积极地去爱一个人，把"爱"当作一项事业，我们才能懂得如何爱人。

很遗憾，在最该学会自然表达爱的童年时代，奥黛丽没有从父母那里得到这些讯息。所以在后来的日子里，她吃尽了苦头，摔得头破血流，一边走一边思考，才走出了爱的通路。

一个人如果人生最初的情感交流都是不完整的，很可能一辈子都无法填补那种空白。如同奥黛丽的儿子肖恩所说："我们是否能够与父母做到坦诚相见，将很可能影响到今后我们选择什么样的爱人。"

幼年时那种不愉快的经历，父亲抛弃了自己和母亲，而母亲也不懂得如何表达关怀和爱，只懂得硬邦邦的指导与教育，让奥黛丽不懂得如何表达自己的感情，在很多时候，没能在合适的状况下以正确的方式处理自己的感情，最终只得到了失望。

她说："从没有人教我们如何处理我们的情感，也没人教我们辨别那些亲密关系中潜在的危险元素，所以，我们只能看到抱怨和痛苦的转嫁。"

第四章
一生所求，唯爱而已

不懂得如何处理感情，成为她最大的问题。在最甜蜜的时期，一切问题都是不存在的，她和每个倾心爱过的人都有过快乐的日子。如刚跟梅尔结婚的时候，他们会一起下厨共进晚餐，在烛光和红酒之中跳舞，度过每个浪漫的日子。

所以当爱情破灭的时候，也就格外痛苦。

奥黛丽每次都全身心地投入感情中，她用自己的方式表达内心的珍视和爱意，但很可惜，在过去的日子里她没有机会锻炼自己爱人的能力，没有机会去以行动练习爱。所以，她不懂得在恰当的时候倾诉自己，也不懂得如何听取别人的想法。什么时候主动，如何被动，奥黛丽摸不透。

她和两任丈夫之间，在爱的看法上有着巨大的差别。她认为爱是自然流露的，不必自己去说，如果对方爱的话，自然会给予她。如同她喜欢花，却矜持地从不说出口，只等待别人送来。但两位丈夫恰恰都不懂得如何表达，都需要练习关于爱的部分，所以他们错过了奥黛丽的爱。

奥黛丽不懂得去主动表达自己的需求，不知道如何主动展示自己的爱，也不懂索求爱，只知道一味付出，却无法与对方停留在一个频道，只能迎来这样的遗憾。

没有在儿时学会如何表达爱，就只好在成年后痛苦地摸索。

但无论如何，她终究找到了自己人生的归宿。在人生的最后十几年里，奥黛丽跟罗伯特·沃尔德斯在一起，尽管他们一直没有结婚，但毋庸置疑，全世界都认可他们的感情。他们不是传统的相敬如宾的夫妻，性格相似的两个人常常产生小摩擦和争吵，但他们拥有朋友般的默契和亲人一样的密切关系，早已经成为对方唯一的伴侣。

在不断的练习中，奥黛丽终究学会了寻找爱和表达爱。

爱是一种行动，而不仅仅是坐下谈话。爱是需要锻炼的，尽管我们生下来就具备爱的能力。

我们总需要去尝试着爱，才能寻找到正确的爱的方法，需要不断练习，才有机会找到最好的爱。所以，别恐惧爱，别害怕受伤，在爱里不断练习，学着爱与被爱，你才会在千锤百炼后迎来幸福。

最重要的是，当你爱着的时候，大声说出来；当你需要对方的爱时，大声说出来。沟通，永远是爱最好的保鲜剂。

CHAPTER 3

大多数时间里，奥黛丽都是一个表面柔弱却内心坚强的女人。她经历过两次婚姻的不幸，却还是毅然决然地选择了站起来，一次次选择了勇敢去爱；她的家庭是破碎的，但她从未因此放弃成为一个母亲，放弃给别人带去爱。

她在情感上看起来敏感，但抽身的时候也很坚强；她一个人走着的背影看起来孤独，却也很坚定。

可即便如此，她还是有脆弱的时候。

每个人都有这样的时刻，即便是再坚强的女人，也应该有一个存放脆弱和眼泪的空间，而只有真正的感情，才能让她们伤心至此。

奥黛丽的小儿子卢卡就深深记得这样的场景。那时他才十四岁，跟随母亲奥黛丽去参加她好友的葬礼。那应该是一位非常好的朋友，奥黛丽沉浸在悲痛中难以自拔。在客人们都离开之后，她忍不住搂住儿子，告诉他什么是死亡，自己又是如何痛苦。

对性格比较内向，大多数时间都沉默到觉得自己无趣的奥黛丽而言，这种失态和焦虑是很少见的。

卢卡一直抱着她，说着"我能理解你"，给母亲一个稚嫩却有力的肩膀依赖。那时候，奥黛丽真的很恐慌。

从那以后，奥黛丽开始害怕变老。不是因为怕自己的脸上出现皱纹，不是怕青春易老、红颜不在，仅仅是担心衰老伴随着朋友们的离世。

她经受不起太多失去，失去那些真心的感情，失去一生的知己。

可每个人都要经历这样的过程。我们的一生都在付出和得到感情，朋友、亲人、爱人，他们的身上寄托着我们的爱意，当他们还在的时候，会给我们温暖，当他们离开时，我们也必须承担这样的失落。

我们无法阻碍死亡的来临，能做的，唯有在还活着的每一天，努力去爱，珍惜每个还可以爱着的人。

这大概就是奥黛丽愿意将时间放在慈善上的原因之一吧！在活着的时候，把爱传播给更多的人。

如此，我们就觉得自己还在被爱着了。

爱是势均力敌，是心神相依

CHAPTER 1

1953年6月，奥黛丽结束了自己真正意义上的第一部电影《罗马假日》的拍摄，回到英国参加它的首映礼。

这次，她遇到了自己的第一任丈夫，梅尔·费勒。

爱不知所起，但一往而深。一段感情开始的时候，必然是两相情愿的，尽管和梅尔没有走到最后，但奥黛丽与他还是拥有过许多甜蜜的时刻。

譬如，作为男主角格利高里·派克朋友的梅尔，第一次见到奥黛丽，就被她完全吸引了。

明明身边还有许多面孔，但在梅尔眼里，奥黛丽就是眼前唯一闪耀着的星星。她和其他的许多美人都不同，却独有魅力，不管是素净的指甲还是深邃的目光，抑或是纤瘦中透露着柔韧的舞者的身形，都对梅尔产生了致命的吸引力。

更要紧的是，奥黛丽身上那股举重若轻的气质。她很优雅，尽管作为女主角为大家奉献了这样一部精彩的电影，她迎来了许多过去未有的奉承和喜爱，但她从不觉得自己与过去有什么不同，只是表达着最简单的感激，对所有的奉承轻轻带过。她身边不像其他人一样环绕着女佣，不需要别人来为她端茶递水、更衣拉门，却依旧高贵自如。

也许梅尔并不知道如何表达自己的感受，但可以想见，这就是一种真正属于贵族的泰然之气。优雅的气质可以抵得过一切前呼后拥的排场，尽管衣着朴素、一切从简，一样可以令人看出骨子里的贵气。

这才是一个女人真正应该有的美。不因为奢侈的珠宝、漂亮的衣服和围绕着的仆从与爱慕者而美丽，只因为自己内心的优雅和气质的高贵而美丽。

追逐奢侈品和美貌的女孩们，不过是本末倒置了，没有好的气质，就

第四章
一生所求，唯爱而已

算锦衣华服，也叫人觉得浮躁，若有优雅之气，白衣加身，一样翩然若仙。

而梅尔也很快获得了奥黛丽的青睐。他是一位导演兼作家，家庭富裕，毕业于普林斯顿大学，醉心戏剧。实际上，他不仅风度翩翩、幽默从容，而且十分有才华，奥黛丽被他吸引了。而且，这种相互的吸引与欣赏，以及彼此之间极大重合的事业领域，让他们很有共同语言。

1954年9月，奥黛丽·赫本与梅尔·费勒走入了婚姻殿堂。

婚礼只邀请了亲朋好友，却温馨而幸福。奥黛丽仿佛在梅尔身上找到了自己失落的安全感，她变得比以往更加光彩照人，而梅尔也很爱护自己的新婚妻子。

他们选择在意大利的乡下度蜜月，住在葡萄园与鲜花围绕着的农舍里。闲暇时，奥黛丽就照顾农舍院子里的各种小动物，或者看看剧本打发时间，做一点儿自己喜欢的美食，享受着普通人的平静和美好。

梅尔一直很为奥黛丽着想。他们在蜜月之后选择在瑞士定居，只因为这里优美的环境可以缓解奥黛丽的哮喘；他主动联系找到了奥黛丽的父亲，只为了让她解开自己的心结。

但这样的甜蜜并不为外人所知。流言蜚语，一直贯穿着他们的整个婚姻。

起因，便是人们觉得他们不够相配。

一段不够势均力敌的关系，弱者总是会被非议。时间久了，若是两人不能走到同样的平台上，便会产生无法忽略的、越来越大的裂痕。这种心伤，是很难治愈的。

CHAPTER 2

尽管梅尔也有极大的才华,但在大多数影迷眼中,他配不上奥黛丽。

人们看不到奥黛丽在情感上对梅尔的依赖和需要,仅从所知的信息来判断,奥黛丽是完美的,而梅尔却已经有过两段不幸的婚姻了,年纪更是比奥黛丽大许多。这已经是一个不太加分的选项,更何况,梅尔在演艺事业上表现出的才华实在有限,让许多人难以接受他和奥黛丽在一起的事实。

好像公主就应该配王子,所以,不够完美的梅尔总是被挑剔。

还没有结婚时,他就已经在事业上稍逊于奥黛丽。奥黛丽与梅尔主演了舞台剧《翁蒂娜》,不论是拍摄过程中还是结束后,导演、合作者和影评人对奥黛丽的评价都是极高的,没有人不喜欢她。相比之下,作为男主角的梅尔就显得逊色许多。

他并非导演伦特钦点的主角,而是奥黛丽要求的。在排演中,梅尔总是端着做过导演的架子,对合作的演员或者伦特指手画脚,甚至常常表露出看不起的情绪,令人反感。而另一方面,他的表演又没有那么出色,完全笼罩在奥黛丽的光环之下,甚至影响了整部剧的评价。

舞台剧表演之后,大量的杂志刊登了人们对奥黛丽的赞赏和认同,与之相比的则是对梅尔的不满,人们甚至认为是他的出现,让奥黛丽的表演光彩也黯淡了。导演伦特毫不客气地说:"你永远别指望一头笨驴能成为一个骑士。"

梅尔,仿佛成了完美的奥黛丽身边的那头"笨驴"。

第四章
一生所求，唯爱而已

这样的言论，伴随着他们多年的婚姻从未消失。《罗马假日》结束后，他们相识，而奥黛丽的事业也才刚刚开始。那时候的梅尔已经被议论配不上她，后来，当奥黛丽越走越远、名气越来越大时，他更是完全变成了奥黛丽背后的男人，那个事业与妻子天差地别的丈夫。

他们之间，越来越不平衡。

长久的爱，是无法在不平衡的关系中前进的。势均力敌才是爱情最完美的状态，尤其是婚姻之中，天平不论倾斜向哪一方，都可能造成婚姻的崩塌。

一段感情应该是势均力敌的，你有才我有貌，你家境富裕，我却是学识万金，两个人手中的筹码放到天平上，刚刚好不偏不倚，而不是向某一方倾斜。只有这样，爱情才会长久。

这样的爱情，才是最好的模样。

奥黛丽和梅尔，也曾经有过那样美好的时光，也曾甜蜜相依，但长久的不平衡，真的不会影响这段关系吗？不可能的。情热爱浓时，一切都可以忽略，可当日常生活变得更重，当爱情里掺杂了许多复杂的因素，当人们要考虑到家庭、孩子、事业、金钱时，保持平衡就变得格外重要。

梅尔终究还是没有撑住，没能一直云淡风轻。当奥黛丽因为出演《蒂凡尼的早餐》而获得第四次奥斯卡奖提名时，他就开始表现出难以接受。没错，他难以接受自己妻子的优秀与风光，因为在那映衬下，自己显得格外无能和渺小。

男人啊，总希望自己的妻子是优秀的，但要比自己差一点儿，仿佛这样才能从呵护对方中汲取到成就感。如果妻子太优秀了，他们就只好去呵护别的女人。

归根结底，不是女人优秀的错，而是他们不配。

梅尔的绯闻变得越来越多，奥黛丽拍摄《窈窕淑女》的时候，常常听到来自丈夫的花边新闻，甚至看到他与别的女星关系亲密的照片。本应该保护自己的人，却在别人那里忙前忙后，令她伤透了心。

更重要的是，她的安全感消失了。

她开始焦虑，焦虑得吃不下东西，瘦得不成样子。她常常因为过于在意而痛苦烦躁，所以表现得喜怒无常，甚至连梅尔也被她赶出自己的空间。

她其实很在乎对方，也很爱，但她不懂得说出口，只觉得，如果对方足够爱的话，一定会向着自己主动。所以，他们错过了。

尽管为了孩子暂时没有分开，但撑到1967年，他们的婚姻还是走到了尽头。

梅尔和奥黛丽的婚姻破碎，固然是因为情感交流的不畅，但本质上还是性格的不合与婚姻的不平衡。梅尔是个大男子主义很重的人，比一般的男人更要在意这些，这放大了他们事业上地位不平等造成的裂痕。

不够相配，不够势均力敌，那些曾经在这场婚姻开始时产生的非议，仿佛都预言了他们的结局。两个不能在才华、事业甚至心态上匹配的人，是很难走到最后的。

CHAPTER 3

同样，感情的长久也需要价值观念的相合。

奥黛丽和梅尔之间，最初的情意正来自心心相印，他们拥有许多共

第四章
一生所求，唯爱而已

同语言，梅尔总是知道奥黛丽需要什么，他为奥黛丽找到了失散多年的父亲，让她感激了许久。那时候，他们彼此都知道对方要什么，对方是什么样的人，所以总能说到一起去，总有快活的瞬间。

但时间久了，他们却渐行渐远。

这从许多细节上都能看到。梅尔是一个将事业看得很重的人，他总是喜欢规划自己和奥黛丽的事业或未来，但奥黛丽却是个随遇而安的女人，很不喜欢讨论这些话题。

许多时候，梅尔的想法都是从事业的角度出发，而忽略了必要的情感。甚至于，他过于追求那些名利，将真挚的感情看得太轻，这与奥黛丽已经完全不同了。

1960年底，奥黛丽解聘了自己多年的公关罗杰斯，就是因为梅尔与他伤害了自己的朋友纪梵希。那天晚上，他们在一张餐桌上吃饭，梅尔又一次跟罗杰斯讨论起了关于奥黛丽的工作问题。

奥黛丽只是专心喂儿子肖恩，她很反感这样的话题，但她不愿意造成别人的不快，所以只好自己沉默。

说起纪梵希时，梅尔感觉很不开心。他认为，纪梵希总是借助奥黛丽的名气给自己做广告，是在利用奥黛丽。他说，奥黛丽总是给纪梵希的香水免费打广告，买衣服却没有一点儿小小的折扣，香水都还需要自己买。难道纪梵希不应该送许多香水给奥黛丽作为礼物吗？

他觉得，奥黛丽在这段友谊上吃亏了。

也许他多次发过这样的牢骚，但奥黛丽已经习惯了不去反驳，可她没想到，这一次梅尔与罗杰斯将不满直接告诉了纪梵希，让他不要再占奥黛丽的便宜。

当然，纪梵希也不是个吃亏的人，他又告诉了奥黛丽。

奥黛丽很难过，她完全不在乎这些，更不愿意让自己的朋友难过，这让她很难堪。所以，她解雇了自己多年的朋友和公关罗杰斯，但是梅尔呢？她无法与他分割。

可此时，他们已经不再拥有相似的灵魂了。

奥黛丽不愿意在没有工作的时候，去戛纳电影节走红毯，但梅尔却一力促成，只因为负责人勒·布亥是个大人物，也许以后能帮上忙。他的思维太现实了，一切以有用无用来判断，与重感情的奥黛丽越来越不同。

观念上的差异，是他们分歧越来越多的原因之一。我们需要的伴侣，不仅仅是在深夜与自己相依相偎的，更是要在灵魂上相互支撑的。互相理解，互相陪伴，彼此做对方世界里的第一个支持者，也是最后的守护者。

这才是伴侣的含义。

一个与自己观念不同的人，总会越走越远，这是必然。我们无法改变自己的想法，亦无法左右他们的想法，唯有当断则断，在接下来的人生中擦亮眼睛，寻找那个和自己一样的灵魂。

这才是对待爱情最好的态度。

总被辜负，却依然相信爱

CHAPTER 1

与梅尔离婚后，奥黛丽并没有因为过去的伤害而恐惧爱情，事实上，

第四章
一生所求，唯爱而已

朋友们积极地为她介绍着优秀的男士，她也有过几段短暂的恋情，只是都无疾而终。

在感情上，奥黛丽一直尽可能保持着积极的状态，她是那么渴望爱，所以就算被辜负过，也依然相信自己能够找到真爱，这对她而言是一种莫大的勇气。

事实也正是如此。谁能保证自己一生当中不会有那么一次遇人不淑的经历呢？我们总不能因为过去的错误，而停止此刻的脚步，用自己的孤独终老来替别人抵偿罪过吧？

在爱中受了伤，就变得忧郁颓丧的人，不过是在用他人的错误来惩罚自己，实在不是一种聪明的选择。

奥黛丽就未曾如此。只是她也很忐忑，因为她已经经历过多次的失望，不知道自己能否找到合适的对象。

直到在一次和朋友的出游中，她认识了安德烈·多蒂。

这位心理医生，是她的第二任丈夫。

安德烈的成长经历与奥黛丽极其相似。他是伯爵夫人的儿子，也继承了伯爵的贵族头衔。在认识奥黛丽的时候，安德烈刚好三十岁，在罗马大学任教，也是一名心理医生。对于奥黛丽这样性格忧郁的女孩来说，跟精通心理学的安德烈聊天是一件非常有意思的事情，安德烈也很懂得如何治愈她的心伤。

当然，他们之间的交流并不是患者与医生那样的模式，而是如同朋友一般自在。

奥黛丽感觉自己又坠入了爱河，她觉得非常快乐，甚至难以相信自

奥黛丽与安德烈·多蒂

第四章
一生所求，唯爱而已

己能这样幸运，再一次得到别人的爱意。

那是1968年的秋天，奥黛丽在认识安德烈之后，去看望好友纪梵希。纪梵希惊奇地发现，奥黛丽一改过去那段时间的消瘦，变得丰润了不少。

仅仅从身体的变化上就能看出，她并没有说谎，她真的感到快乐极了。

尽管被伤害过，但并没有打击奥黛丽对于爱的渴望。她还是在爱情到来的时候，勇敢地投入进去，享受幸福快乐，也以自己的努力维系着这段爱，让它的生命更加长久。

不要因为受过伤，就抗拒所有的可能，也许下一次你遇到的就是命中注定的那个人，为什么要因为胆怯，将其拒之门外呢？我们总应该保有勇气，去投入"爱人"与"被爱"中，这是一份终生都应该为之努力的事业。

CHAPTER 2

1969年1月，穿着挚友纪梵希为自己精心设计的礼服，奥黛丽再次步入了婚姻。

与安德烈之间的爱情，相比于跟梅尔之间的感情来说，更加纯粹。梅尔比奥黛丽大了许多，他不仅是奥黛丽的前辈，更是她在事业上的帮手，他们的爱情与演艺工作穿插在一起，就多了许多不可避免的现实意味。

她还没来得及品味爱情的滋味，就不得不面临与爱人讨论工作的那种烦躁，有许多摩擦都是因为工作产生的，这也不可避免地影响了他们的关系。

但跟安德烈不同。这是安德烈的第一次婚姻，他更像是个需要奥黛丽来照顾的毛头小子。而此时的奥黛丽已经选择了成为一名家庭主妇，她有大把的时间将自己的精力放在爱人和孩子身上。同样，悠闲的生活让她少了许多烦恼，更能以良好的状态与安德烈相处。

新婚时，他们的关系其乐融融，就连肖恩都对那段时光记忆犹新。

他们一家三口一起吃晚饭，在饭桌上自由地谈论着感兴趣的话题，每天都会觉得很快乐。安德烈是个称职的父亲，尽管肖恩并不是他的亲生儿子，但他一样给予了肖恩足够的爱，才有了这段珍藏的回忆。

最要紧的是，安德烈从不因为奥黛丽的事业过于成功而感到耿耿于怀，反而以此为荣。他总是不吝于赞美奥黛丽，说她是一位伟大的演员，他将永远支持她做自己喜欢的事。

一切都好像走在正轨上。

尽管这场婚姻的结局我们已经知晓，安德烈也不是陪伴奥黛丽走到最后的那个人，但不得不说，他是很有魅力的，他身上有许多男人都不及的优点。

他欣赏自己的妻子，愿意尊重和肯定她的事业，从不因为自己的光环不如对方而感到不平衡。这既是一种难得的豁达，更是一种发自内心的平等观念。女孩们就应该如同奥黛丽一样，去寻找一个能够肯定和尊重自己的伴侣，如果一个男人会因为你比他更优秀而产生嫉妒、不满，别犹豫，尽快离开他吧！

他该是多么狭隘和自负，才会不允许自己的伴侣散发光芒，才看不到对方的美好之处啊？一个有包容之心的绅士，应该为自己爱人的优秀

第四章
一生所求，唯爱而已

而感到自豪，并且想着如何与她相配。

安德烈也给予了奥黛丽纯粹的爱意，并且惠及她的家人。他还从来没有做过父亲，却可以在肖恩心里留下那么好的印象，都说小孩子是不会撒谎的，可见安德烈做得确实不错。

爱你的人一定也会爱你的家人，爱与你相关的一切，这叫爱屋及乌，是一种发自内心的本能。包容一个女人的过去，尊重和爱护她的现在，这样的男人才是值得选择的。

CHAPTER 3

但同样，这样优秀的、能让奥黛丽快速从忧郁走入快乐的男人，如果有心去招惹其他的美人，也一定很容易成功。

1970年，奥黛丽为安德烈生下了他们的儿子卢卡，这是奥黛丽的最后一个孩子，医生建议为了她的身体健康，不要再生孩子了。

尽管奥黛丽很喜欢孩子，也享受成为母亲的日子，但她也不得不接受这个事实。

那段时间，他们母子三人生活在位于瑞士的家里，安德烈每周都会来看望，其余时间则不得不留在罗马工作。但伴随着时间越来越久，安德烈来的次数也越来越少，奥黛丽敏锐地发现了一些问题。

果然，白天的安德烈固然是忙于工作的，但一到了晚上，他的身边总有漂亮女人环绕着。

这在当时也许是一种令人见怪不怪的事，但奥黛丽一定很难接受吧！尤其是她的上一任丈夫梅尔也曾有过类似的问题，甚至直接导致了婚姻破裂，安德烈相似的行为更容易伤害奥黛丽。

而此时，距离他们结婚才不过一年半。

安德烈花心的问题，几乎贯穿了他们的整个婚姻，一直也未能改变。只是，奥黛丽还是尽可能做出了自己的努力。

发现安德烈可能与别的女人交往过密，奥黛丽选择了带着孩子们回到罗马，尽可能多陪伴在他身边。和奥黛丽在一起时，他很少做出不负责的事。

他们的婚姻在奥黛丽的妥协和努力下维系着，而奥黛丽也尽可能地关注安德烈那些好的方面。所以每当有记者采访的时候，她总是说："我很幸福。"

她已经明白，世间并非万事万物都是完美的，总有些不得不的妥协。

大多数时间里，陪伴丈夫，抚育两个年幼的孩子，偶尔参与一些拍摄工作，就让奥黛丽忙得不可开交，生活十分充实。所以，她过得还算开心，也就不执着于安德烈的某些问题。

只是奥黛丽的不执着，并不代表问题就不存在，相反，当新婚的新鲜感过去，当爱情的保鲜剂失效，安德烈的花心愈演愈烈。

1976年，奥黛丽出演《罗宾汉与玛丽安》，这是她远离电影圈后复出的第一部影片。当做宣传的时候，奥黛丽选择了在朋友的家中接受访问，却没有选择自己家。

这令许多人意识到，她的婚姻也许又出了问题。

原来在奥黛丽拍摄影片的时候，欧洲的一些报纸刊登了关于安德烈的花边新闻。她离家工作，安德烈便经常出入于夜总会，身边总有不同

第四章
一生所求，唯爱而已

的女性朋友，甚至还有当时名声不佳的模特达尼拉，这引起了许多热议。

奥黛丽十分震惊，但安德烈却称自己并不知道这些，她们不过是普通的朋友。

这听起来就像是拙劣的借口，奥黛丽却没有点破，只是从此甚少让朋友来家中，更是完全拒绝了记者。

仿佛把家封闭在这个小小的圈子里，就能像过去一样安稳幸福。

然而事实上，他们的婚姻还是逐渐崩坏。尽管奥黛丽还对外说自己的婚姻依然幸福，但她也隐约意识到了必然离婚的结果，只是没有想到会以这样的方式来临。

1981年，奥黛丽发现安德烈趁自己不在家的时候，与陌生的女子偷情，这让她大受打击。性格忧郁的她陷入焦虑和严重的抑郁中，甚至想过要自杀。因为她的个性，让她习惯将责任放在自己身上，所以总觉得丈夫的风流是因为自己的失败，这让她无法接受。

她选择了走法律途径结束婚姻。

再一次在婚姻当中尝到了失败的痛苦，可奥黛丽并没有因此灰心丧气，没有因此拒绝相信爱情。事实上这一次，她处理得比上一次还要好，尽管已经离婚，她还是与安德烈保持着友好的关系，共同抚育小儿子卢卡。

之后，她也一直坚持着享受生活，去做喜欢的事，去接触优秀的人，寻找合适的伴侣。她也的确找到了自己的灵魂伴侣，一直陪伴自己到生命尽头。

若她此时因为两次婚姻的阴霾，决定封闭爱的勇气，就不会有后面的幸福了。

无论何时，都别丢失爱的勇敢。

当爱已成往事，不如优雅转身

CHAPTER 1

当一份爱情宣告死亡的时候，你会如何对待？

最怕的不是未曾爱过，而是曾经爱过。此刻的冷漠，都会让人想起对方以往的温柔，此刻的咄咄逼人，更令记忆中的温言细语显得那样难得。大多数人，都无法做到坦然割舍。

哪怕这份爱已经成了爬满虱子的华丽衣衫，也紧紧抓着，绝不肯放手，直到遍体鳞伤。

奥黛丽也曾是这样一个女孩。

实话说，能在爱中当断则断、优雅转身的人，少之又少，其中大多数都是经历过痛彻心扉的伤害，才学会了如何处理。优雅如奥黛丽·赫本，在婚姻中也难得表现出了少女的青涩，她同样不懂得该如何放手。

但当她尽全力维护自己的婚姻与爱情，却还是无济于事时，她懂了，也选择了离开。

1964年，奥黛丽在拍摄《窈窕淑女》时，发现自己与梅尔的婚姻出现了无法忽视的问题。他似乎对奥黛丽失去了过往的关注和爱护，而更愿意围绕在其他漂亮的姑娘身边，一如过去追求奥黛丽时那样热情。

赤裸裸的花边新闻层出不穷，他隐约已经背叛了当初的诺言。而对于保守的奥黛丽而言，她始终相信爱应该是专一的、长久的。

第四章
一生所求,唯爱而已

她会怎么处理呢?是不爱了就放下,潇洒又快意地抽身而出吗?

不。当我们在规劝别人放手的时候,总是那么容易,放在自己身上,却艰难万分。因为曾经有过许多甜蜜,更令人难以接受当下的分离和彼此的冷漠,所以,我们总想要再努力一次,挽回一次。

有时候,这样的挽回是有意义的。当婚姻出现了问题时,就像我们的心生病了,总有疗愈的方法,可以让它再次恢复健康。决心要治愈这段感情的时候,奥黛丽付出了许多。

为了家庭,为了年幼的儿子肖恩,也为了能尽力再挽救一下自己的爱,她选择了忍气吞声。甚至,奥黛丽在后期还选择了息影,专心回归自己的家庭。

尽管她的名气、地位和受欢迎度都比梅尔高,但她还是推拒了许多工作的邀请,只为了带着肖恩在片场陪伴梅尔。当她拒绝导演库克的合作时,是这样说的:

"我把时间平分给了梅尔和儿子。我多么希望他能同我一起照顾孩子。"

她并非找不到人来一起分担照顾孩子的工作,只是,她想要与丈夫一起享受家庭生活的美好。只要能与梅尔在一起,弥合他们之间的裂隙,奥黛丽什么苦都能吃。

梅尔在欧洲拍戏时,奥黛丽在长达八个月的时间内放弃了工作,十几次往返欧洲,片场在哪里,她就去哪里。住在西班牙的乡村时,她睡不好觉,也吃不下东西,但是为了和丈夫在一起,她全都忍受了。

可是,即便她变成了梅尔想要的样子,依附他、追随他,他还是没有将心完全收回到家庭里。奥黛丽的努力不见成效,她终于明白,一切很难回到从前。

所以,她选择了提出离婚。

CHAPTER 2

在第一段婚姻里,奥黛丽努力过,痛心过,最终得到的是全盘的失望,这给了她巨大的打击。在后来的二十几年里,奥黛丽只见过梅尔两次,一次是在肖恩的毕业典礼上,一次是在肖恩的婚礼上。

她在逃避着这个给予她巨大伤害的人。

即便是聪慧的奥黛丽,也难免要等到受伤颇深时,才清醒,才懂得及时舍弃。但好在,她最终选择了给自己自由,及时止损,没有困守在已经失去爱意的婚姻里。

虽然她转身的时候很狼狈,但至少还是保留了尊严和优雅。

爱已成为往事,对方还以这样难堪的面貌退场,但奥黛丽的处理方式却很完美,值得每个在感情中走出的人去学习。

她从未说过梅尔的任何坏话,尽管他们已经分道扬镳。哪怕是在彼此关系最恶劣的时候,奥黛丽也尽可能客观地评价对方,甚至替梅尔澄清一些外界对他的误会。人们指责梅尔操纵奥黛丽的事业,但奥黛丽却说,他是个有决断力的、谨慎的人,他没有不尊重自己。

这样的包容与善意,实在是一种最高级的风度和优雅。

她也很快从消沉中走出来,而不是沉湎其中彻底堕落。那时她不得不成为一个单亲妈妈,而且远离了舞台,更要紧的是,失去了梅尔这个

第四章
一生所求，唯爱而已

事业上的伴侣，她需要花更多时间与外界打交道，这是她所不擅长的。

奥黛丽剪短了自己的长发，准备同过去完全告别。有一段时间，巨大的压力让她暴瘦，健康状况极其堪忧。但她还是逐渐走了出来，拥抱了第二段感情。

而当安德烈·多蒂与她的婚姻也出现问题时，奥黛丽已经学会了放手。她有自己的原则，尽管安德烈的花边新闻不断，但奥黛丽对他还是付出了极大的耐心和宽容，她始终想用自己的陪伴来让对方收敛心思，改掉风流的性子。

但这并不意味着奥黛丽的忍气吞声是无止境的。当安德烈选择和女人在家中偷情，极大地触犯了奥黛丽的底线时，她也毫不留恋地选择了走法律途径结束他们已经摇摇欲坠的婚姻。尽管前一秒，奥黛丽还在担心卢卡的抚养权问题，因此而不愿意分开，但当她意识到名存实亡的婚姻已经变成了一摊烂泥，她也没有让自己继续深陷其中，而是选择了抽身而去。

安德烈很花心，却并非没有自己的好处。他风趣幽默、彬彬有礼，是个好沟通的人。经历过上一次婚姻的痛彻心扉，奥黛丽选择了一种更平和的方式处理与安德烈的关系，他们一直保持着友好的交流，以便于抚养孩子。

好聚好散，是她留给对方最后的体面。

CHAPTER 3

奥黛丽处理与两位前夫关系的方式，展现了她内心的成长和变化。

她与安德烈在离婚后依然保持着良好的关系，固然是为了能共同抚养小儿子卢卡，但也因为她能够更体面、理性地看待对方。这跟与梅尔最后的相处方式截然不同，她选择了不再见梅尔，却和安德烈成为朋友，难道是因为两者不一样？不，奥黛丽自己也知道，他们没有什么差别，只是她不一样了。

她不再强求那些注定要离开的人回头，也不再紧抓着要消散的感情，所以受的伤也就没那么重了。她经历过了许多悲欢，能够承受更多的痛苦，也就看淡了。

"你认为你足够爱一个人，那个人就一定会改变，但它不一定能成为现实。"关于自己失败的两段婚姻，奥黛丽这样总结。

她终于懂得了，有些事情无法强求，比如失去的爱，不够契合的性格。她曾经想通过自己的努力来改变梅尔的独断，安德烈的花心，但最终都宣告失败。

在惨痛的教训里，奥黛丽告诉了我们这个道理：不要一厢情愿去倾注自己的爱意，不要妄想着用爱来感化别人或改变什么，也不要强行改变自己去适应别人。如果你们不合适，那怎样都是不合适。如果他变心了，那怎样都无法再回应你。

我们能做的，唯有在无力挽回的时候，不去挽回，优雅地转身离去，再见也许还是朋友。

强扭的瓜不甜，委曲求全得来的爱，终究难以令人安心。女人总期盼着在爱里得到安全感，一段令人感觉不安的感情，注定无法长久。

当奥黛丽无法从婚姻中得到想要的安全感时，也就注定了她与伴侣

第四章
一生所求，唯爱而已

的关系已经名存实亡。

她从爱情和婚姻里走了出来，走的时候尽可能地挺直腰背，留下一个优雅美好的背影，以维护自己最后的尊严。但这不意味着奥黛丽没有受伤，在余生中，尽管她遇见过许多优秀的男士，也找到了自己能相伴十几年的灵魂知己，但再也没有选择走入婚姻。

伤害永远存于心里，她大概已经厌倦了被一纸婚书所束缚的自己。如果有爱，有没有婚姻的约束都一样可以走下去，如果爱已经不存在了，婚姻只会给自己带来痛苦。所以，奥黛丽决定永远勇敢地追爱，却不再结婚了。

这样的她，不再受到任何旁的因素影响，全凭心意，自由去留，永远在感情中保持优雅。可能，这就是奥黛丽所选择的，适合自己的那条感情通路。

一生灵魂相伴

CHAPTER 1

奥黛丽从来没有想过，自己在晚宴上认识的那个男人——罗伯特·沃尔德斯，会成为和自己相伴一生，走到最后的人。

他们相遇在1979年的圣诞节后，一个十分平常的晚宴上。当时，他们彼此都处于自己的低潮期。

奥黛丽和安德烈的婚姻在当时已经名存实亡，他们之间的裂隙难以弥合，这在很大程度上困扰着她。

而罗伯特则沉浸在妻子过世的痛苦之中。罗伯特的妻子奥勃朗比他大二十五岁,他们在一场好莱坞的聚会中相识,之后便恋爱结婚。1979年的那个圣诞节,奥勃朗刚刚去世一个多月。

两个同样失意的人凑在一起,没有什么心思谈论风月,他们连话也没多说几句。但仅仅是这几句,奥黛丽也觉得对方是个很好的交谈对象。

不过仅此而已了,他们无法想象,之后还会有什么交集。

奥黛丽当时已五十岁了,半生已过,却还没有找到一个理想的丈夫和知心人。她曾经中意过与自己合作的荷顿,但对方不能和她生育孩子,无法满足她成为母亲的期待;她选择了安德烈,可他的花心令奥黛丽明白,这不是一个理想的对象;她在拍戏时遇到过加萨拉,但对方压根没考虑跟她发展什么未来。

可罗伯特是一个意料之外却十分合适的选择。

在后面陆续的接触中,奥黛丽逐渐发现自己与罗伯特有许多共同之处:他们都在好莱坞从影多年,是有修养的老牌演员,有许多共同语言。他们拥有相似的感情观,都非常重视自己的伴侣,并且心思细腻、体贴。甚至他们都是荷兰人,相近的地域让他们有了更多共同的情感话题。

如果说梅尔的缺点在于太专断和大男子主义,安德烈的缺点在于太爱玩和花心,那这两点缺憾罗伯特都没有,他是相处之后,会让人觉得越来越耀眼的人。

奥黛丽难免对他产生了好感。

之后,他们一起住到了瑞士,近水楼台,两个人的感情发展迅速。

在离婚后,奥黛丽和罗伯特在一起享受着快乐的、幸福的时光。找

第四章
一生所求，唯爱而已

奥黛丽与罗伯特·沃尔德斯

到这样一个理想的爱人，对奥黛丽来说并不容易，因为她常常受到工作和圈子的局限，很难有机会去选择合适的爱人，对罗伯特来说，问题也同样存在。

但他们还是找到了彼此，在各自经历过不同的感情，各自拥有孩子之后，还能寻找到彼此，不得不说是一种幸运。

在之后的许多年，罗伯特一直陪伴在奥黛丽身边，和她一起照顾孩子，经营一个小家庭，陪着这个女人在全世界奔波，投身慈善事业。他们彼此依赖着度过了人生的最后时光，直到奥黛丽离开这个世界。

她终究找到了自己寻觅一生的安全感，找到了能与自己灵魂相伴的那个人。

CHAPTER 2

能够跟奥黛丽一直走到最后，罗伯特身上有着难以忽视的闪光点。一个有责任心、懂得珍视生活的绅士，才能陪伴一个女人度过平静但愉快的人生。

像他这样的男人，也许在年轻的姑娘眼里并不多么光彩夺目，也让人生不起多少非他不可的冲动，但他绝对是最好的丈夫人选。

毕竟婚姻不仅仅等同于爱情，做一个人的丈夫，意味着要比做男朋友承担更多的责任，更加谨慎，更有包容心。

罗伯特具备这些，或许也是经过了时光的洗礼，让他得以用成熟的眼光去看待婚姻和爱情。

当他决定跟奥黛丽走在一起的时候，考虑的问题就很全面且有责任感。他不仅仅关注两人之间的关系，更担心自己的两个孩子、奥黛丽的两个孩子能不能接受他们的结合。

这可能听起来不是那么浪漫，两个人的爱情为什么总要考虑那么多柴米油盐、考虑到父母或孩子呢？这听起来可一点儿都不酷。

可这就是生活。只有你能把一切问题都考虑在前头并且解决，未来才会平顺和幸福，从这一点看，罗伯特就是一个务实且有责任的男人。

他在与奥黛丽的相处当中表现出了极高的修养，他是个非常斯文有礼的人，与奥黛丽的审美一致。换句话说，他们脾性相投，性格上的一致之处和趋同的审美让他们可以彼此欣赏，更彼此接受，这才能在之后的许多年间磨合得越来越好。

第四章
一生所求，唯爱而已

尽管他们的生活看起来过于平静甚至平淡，这会令许多喜欢热闹和挑战的男人觉得没意思，但这恰是最难得的安稳，只有懂得欣赏的人才能不打破这份平静。

罗伯特就具备对于生活的珍惜和欣赏，他和奥黛丽一样，享受安宁的家庭生活。每天早上，他们会早早起床吃一顿健康又清淡的早餐，然后牵着小狗出去晒太阳。午餐前后，他们可能会休息一会儿，或者坐在窗下看报纸，或者聊聊生活中的小事。晚上，两个人窝在沙发里看一会儿电视，就早早入睡。

这样的生活，是奥黛丽曾经十分渴望却一直没能长久维持的安宁。大概就是因为她没能遇到同样懂得欣赏的那个人，而此刻她找到了。

当我们在挑选伴侣的时候，普世意义上的优秀也许并没有那么重要，更要紧的是合拍与否。难道梅尔不够优秀吗？难道安德烈不够有魅力吗？他们同样都是有许多优点的男人，却都没有跟奥黛丽走到最后。

因为他们并不合适。

罗伯特的特别之处在于他和奥黛丽特别合适，这才是"天生一对"的意义——

也许你不是那么好，但我也并非那么完美，而我们凑在一起就是一个完美的圆。

寻找伴侣，就应该寻找最合适的那一半。

CHAPTER 3

伴侣的意义是什么？

那个和你组成家庭、有一纸婚书约束的人，就是一个合格的伴侣吗？伴侣更侧重的应该是陪伴和爱，是在你最重要的人生阶段给予你力量的人，至于有没有婚姻的约束都不那么重要。

缺乏了必要的陪伴，即便是法律意义上的伴侣，也一样很陌生。

罗伯特和奥黛丽就没有用婚姻来束缚自己的感情，他们没有迈入这个围城中。也许是过去的两段婚姻让奥黛丽尝到了失败的教训，她决定听凭自己的心，不再用婚书来约束自己的爱情。

她这样说：

"我们不结婚只有一个原因，目前的状态很开心，所以没有必要为结婚烦恼，结婚也可以很浪漫。结婚和不结婚其实也不一样，不结婚意味着我们自愿在一起，而不是被婚姻所逼迫束缚。"

这样的结合对于奥黛丽来说，更像是发自内心的流露，更符合她对爱的认识，没有了婚姻的约束，反而让她更确信彼此的感情，给予了自己更多安全感。

虽然不是法律意义上的伴侣，但罗伯特毫无疑问，是奥黛丽的灵魂伴侣。因为在人生最后的每一个重要时刻，他都陪伴在奥黛丽身边。

陪伴，才是最长情的告白。

1980年，奥黛丽的母亲艾拉第三次中风，在生活中已经完全离不开奥黛丽和看护的陪伴。

奥黛丽感到身心俱疲，她还没能完全从糟糕的婚姻状态中解脱，就得面临着这样一个噩耗，好在此时罗伯特陪伴在身边。

她给父亲罗斯顿的妻子写信，说自己也想要去看看父亲罗斯顿，但

第四章
一生所求，唯爱而已

母亲的身体状况令她无法走开。可没想到，有的机会错过了就不会再来，一年后罗斯顿去世了。

之后，艾拉也在1984年去世。短短几年间，奥黛丽的父母都离开了。

这段时间对奥黛丽来说噩耗不断。1981年，拍摄《罗马假日》让奥黛丽一举成名的导演威廉·惠勒去世；1982年，曾给初出茅庐的奥黛丽传授演艺经验的好友奈斯比特去世；1983年，《窈窕淑女》的导演乔治·库克去世……

那些一路走来给予她帮助的前辈，在低谷期陪伴她的友人，看着她逐渐在舞台上散发光芒的故旧，伴随着那个永远不会再回来的黄金时代，一个个在奥黛丽的生命中退场。

留下她，一个人面对老去，死亡，和不可逃避的离别。

她是个很容易令人喜欢的女人，每个合作者在合作之后都对她赞不绝口，大多数人都成了她的朋友，并且保持着越加亲密的关系。这在过去是一种令人艳羡的幸运，但放在此刻，却是一种最深的不幸。

这意味着奥黛丽必须要承担比旁人更多的离别痛苦。

这让奥黛丽常常感到忧伤，她甚至开始下意识逃避别人，生怕再认识新的朋友，需要承担新的离别。而整个过程中，始终没有离开并且坚持陪伴在她身边的，就是罗伯特·沃尔德斯。

他也许没能在奥黛丽年岁最好的时候走到她身边，却在她光芒淡去、逐渐从世人眼前退场的时候，在她最脆弱需要陪伴的时候，给她不可替代的臂膀依靠。

这样的陪伴，是一种最难求的幸运，也隐藏着最深情的告白。

一份值得我们珍惜的感情，并不一定是轰轰烈烈的，但一定可以细水长流。那个人也许不会为你锦上添花，在你青春正好、天真烂漫的时候跟你来一场举世皆惊的恋爱，但一定会为你雪中送炭，在你人生最孤独、最难过的时候，静静守候。

这便是我们应当珍惜的爱情了。

恋人未满，知已相随

CHAPTER 1

这个世界上最纯粹的感情，大概就是我爱你，没有任何目的。

有些人爱你，是因为想要成为你的伴侣，但有些人没有任何索求，却依然爱你，这就是知己。

奥黛丽的人生中也有这样的知己，他们陪伴她，比恋人还要长久；爱着她，比爱人还要深刻。即便从未以情人的身份在一起，但他们的灵魂很近，永远相随。

谁说异性之间没有纯粹的友谊？感情其实可以很深刻、很干净，只是我们的心不够纯粹，把它们想得过于复杂。

这样的感情，已经不能用男女之情来解读和猜度，也不应该用世俗的想法亵渎，它存在于那里，就让人觉得珍贵万分，感慨万分。

唯有以真心相对，才能浇灌孕育出这样的情感。

《罗马假日》的成功，既让奥黛丽得到了人生中的第一个影后，也让她与男主角派克开始了一段漫长的友谊。也许是一种移情作用，观众

第四章
一生所求，唯爱而已

们总期待着荧屏上的金童玉女，也能在现实中结为伴侣，但奥黛丽与派克并没有如人们所想，而是以朋友这种看似遗憾却更加牢固的关系联系在一起。

许多人不甘地杜撰了他们似有若无的情感，但其中的大部分都被证明是假的，两个人之间的友谊就是那样深刻又简单，他们彼此相爱，却不是以情人的态度。

用性别来定义朋友和情人的关系，似乎太过狭隘了。友谊可能出现在任何两个人之间，用不纯粹的眼光去解读纯粹的情感，本身就是一种亵渎。

真正的知己，坦坦荡荡，会希望彼此幸福和快乐，但不求自己在其中扮演什么角色。

CHAPTER 2

1954年，《罗马假日》拍摄完后，奥黛丽和梅尔在瑞士结婚，派克也参加了他们的婚礼，送上了自己诚挚的祝福。

与此同时，派克也遇到了自己的第二任妻子，法国记者维罗尼卡·帕萨尼，他热烈追求着对方，在1955年结婚。

相比于奥黛丽坎坷不断的婚姻，派克的婚姻显然幸福又顺利，他与维罗尼卡生育了两个孩子，加上前妻所生的三个孩子，组成一个非常热闹的家庭，在美国安度生活。

这是奥黛丽梦想中的样子，可惜她总是遇人不淑。尽管他们一个在瑞士，一个长居美国，但还是通信不断，派克非常关心奥黛丽的生活，尤其希望她能够拥有幸福的家庭。

奥黛丽·赫本传
用灵魂亲吻世界

当奥黛丽与梅尔离婚,派克经常从美国打电话安慰她。关于婚姻的事对奥黛丽来说是难以启齿的伤疤,她不愿对别人喋喋不休地诉苦,却愿意将这些话讲给派克。

而派克也将奥黛丽视作与众不同的朋友。1974年,派克的长子自杀,他与妻子受到难以接受的打击,他躲在家里不愿见人,只有匆匆赶来的奥黛丽可以敲开他的房门。他们互相支撑着,在对方最艰难的时候带去温暖,成为彼此重要的朋友。

只要奥黛丽在美国,总是要第一时间去拜访派克一家,如果有事,也会提前打电话告诉他们。这几乎成为一种习惯,让她不仅成为派克的好友,也得到了他整个家族的喜爱。

1993年,奥黛丽因为结肠癌病逝在瑞士的家中,陪伴她的是伴侣罗伯特。她在自己六十三岁的时候,永远离开了这个世界,而那时的派克

奥黛丽与格利高里·派克在《罗马假日》中的剧照

第四章
一生所求，唯爱而已

已经七十七岁高龄了。

他退休了，大多数时间都在自己家的花园里侍弄花草，而挚友的离去破坏了他的平静。

这种爱，无关男女之情，是一种伴侣也无法取代的挚友之情。

派克拥有自己挚爱的妻子，可这份爱丝毫不伤及他对伴侣的情谊，他的爱，是给予最好的朋友的。

他们之间的友谊保持了一生，这比一段爱情的保鲜期还要久得多。他们彼此并不奢望着从对方那里获得什么，只是单纯期盼着对方能够得到幸福。

这样纯粹的爱，是最值得珍视的。

CHAPTER 3

除了派克，还有一个男人也曾经对奥黛丽说过，她是他一生中最爱的女人，那就是于贝尔·德·纪梵希。

纪梵希陪伴了奥黛丽四十年，比她的任何一任伴侣都要长久，可以说是一生都站在奥黛丽身后的那个人。他一生未婚，将所有的热情都奉献给了自己的时尚事业，以及他的缪斯奥黛丽。

即便他不是奥黛丽的伴侣，但他们的名字却永远被人们写在一起，常常作为最好的搭档、事业伙伴、朋友等被提起，说起其中一个，便总不能绕过另一个。

没有了纪梵希，奥黛丽必定会失色不少；而失去了奥黛丽，纪梵希也未必还是现在的自己。所以，尽管奥黛丽身边的男人来来去去，但是陪伴最久远的,还是最好的朋友。

无关风月,只是一种最纯粹的感情。

奥黛丽人生中的每个重要时刻,几乎都有他的陪伴。她穿着纪梵希设计的婚纱步入围城,也穿着他设计的衣裳在电影中绽放光彩。当诊断出结肠癌后,奥黛丽想回到瑞士,度过最后的时光,纪梵希也立刻安排了私人飞机送奥黛丽回家。

当登上飞机的时候,奥黛丽惊喜地发现,满飞机都布置了漂亮的鲜花。她热泪盈眶地感叹,唯有纪梵希始终记得她喜欢什么,始终将她当成小女孩来宠爱。

就连奥黛丽离世的时候,纪梵希也占据着特殊的位置。他与奥黛丽的伴侣、儿子一起抬棺,见证了她最后一个特殊的场合。

他永远地送走了自己的挚友。

多年后,纪梵希还曾感慨:"在每一场发布会上,我的心和笔,我的设计都在跟着奥黛丽前行。尽管她已经离开,但我仍能感受到她与我同在。"

这大概是一个最浪漫的故事,他们彼此陪伴,做朋友也可以感动全世界。

他们都曾经彼此表白,纪梵希是奥黛丽亲口所说曾深深爱过的人,奥黛丽也是纪梵希心里无可取代的女人,但两人都没有选择在一起。这或许是一种遗憾,但更是一种珍贵的、可遇而不可求的关系——

我们是没有血缘的亲人,是不涉情爱的爱人,是相互独立的个体。是在全世界都离你而去的时候,还可以放心将后背交托的那个人;

第四章
一生所求，唯爱而已

奥黛丽与一生挚友纪梵希

是为了彼此，可以牺牲一切利益的那个人。

是外界风雨如晦，依然把最干净温暖的那片空间留给你的那个人。

他们始终相互独立，又相互依赖，彼此走在两条路上，各自有各自的精彩，又能在相交的时候绽放最耀眼的光。

这才是朋友最好的解读。

朋友不需要性别一样，不需要永远和对方黏在一起，不需要时时刻刻交流，但天涯海角，都彼此牵挂，尽管走不同的道路，也可以各自优秀，最要紧的是，彼此都爱着对方，没有目的。

第五章　有趣的灵魂特立独行

时尚，就是坚守自己的独特

CHAPTER 1

谈论起时尚圈的种种，总绕不开奥黛丽·赫本的名字。

被她拎过的手包，到如今都比其他款式更加保值；复古风的潮流中，奥黛丽总是人们热衷模仿的对象……尽管，这个女人离我们而去已经二十多年，她在时尚圈的地位却从未下降，甚至逐步走上神坛。

人们有时会诧异，为什么奥黛丽会成为时尚的宠儿？是因为运气太好，遇到了适合的设计师？还是因为气质太高级，总能成为理想的模特？

我想，不仅仅是这些。时尚有千万种风格，但有一个共同的核心，就是独特。特立独行的风格更容易成为时尚，因为与众不同，给人们开创出一种新的审美风潮。

而奥黛丽的存在本身，就是那个时代最大的叛逆和特立独行。她完全不符合当时的流行，却又有一种不可忽视的逼人的美丽。她没有人云亦云，打扮成别人喜欢的样子，而是清醒地选择走自己的路。

这才开创引领了新的风潮。

是她的清醒造就了她的独特，是她的独特显得特别时尚。即便没有设计师的华服，没有聚光灯的照耀，奥黛丽站在那里，也是时尚本身。

许多特立独行的人都是清醒的，他们知道自己想要什么、对什么感兴趣，所以才能从所作所为中感到快乐，不顾及别人的眼光和世俗的趋势。

相反，那些不明白自己想要什么的人，一定不会快乐，日子也不会充满趣味。他们尚且在选择的关口上迷茫，或者浑浑噩噩前进，根本不知道自己前往何方、现在又走在什么路上。这样的人生，怎么会过出乐趣呢？

不明白自己想要什么，是一种最大的浪费。因为你在浪费自己的时间，一日不清醒，就浪费一日，一辈子不清醒，就从未真正活过。

拥有一颗有趣的灵魂，首先你得知道自己想要什么。不用事事精明，不必样样清楚，你只要知道最想要的东西，就已经胜过许多人了。

CHAPTER 2

奥黛丽很清楚自己想要什么。

她不想成为一个美得毫无特色的杂志女郎，她要成为最特别的那个。尽管在她出现之前，整个时尚圈与电影圈都只懂得欣赏性感的美，但那又有什么要紧呢？她才不会去学着模仿，那只是一种拙劣的东施效颦。她平板的身材，她不算纤瘦的双腿，她过于高挑的个头，任何一个旁人眼中的劣势，都可以成为她特别的一面。

第五章
有趣的灵魂特立独行

清楚自己的独特，并接受自己的独特，懂得修饰它，展现它，是奥黛丽超前的审美。

几十年后的今天，大多数人都懂得欣赏"高级脸"，正因为那些面孔与众不同、与世俗的审美相悖，反而展现出一种独特的记忆点让人过目难忘，才会成为时尚的宠儿。而这个道理，奥黛丽在半个世纪之前就清楚了。

那时她才二十几岁。

当她靠《罗马假日》爆红之后，片约不断，许多电视节目也邀请她出面，奥黛丽在观众面前露脸的机会越来越多。电影公司对她的形象打造更加上心，他们试图让奥黛丽看起来更完美一些，所以常常建议她可以垫一垫胸，或者打扮得更符合当时的流行审美。

实话而言，奥黛丽自己也对平胸的身材有些遗憾和不满，但既然已经无法改变，她就决定不逃避这个劣势，并将其作为自己的特色演绎出来。与其垫上胸用劣势去与别人的优势相较量，倒不如将劣势转化成自己的特点和风格。

所以，奥黛丽毅然拒绝了所有不符合自己形象的建议，更是完全不肯听从所谓的流行。她决定走一条属于自己的路，将自己形象上的优势发挥出来，以真实的自我赢得别人的喜爱。

这就是时尚，她清醒地走自己独特的路，丝毫不避讳自己的特别，更将其当作骄傲。

奥黛丽的优雅，有相当大一部分来自她骨子里足够的高贵自信，在旁人眼中的劣势，也可以通过她仿佛有魔力的双手，将其转变成优势。

奥黛丽·赫本传
用灵魂亲吻世界

她很懂得去展现旁人没有的那种资本，懂得突出自己的优点，并将缺点演绎成一种独特，从而发展出独属于她自己的风格。

她从未因为自己的缺点而感到自卑过，因为在大众眼中的美，不一定就是她的美，此刻别人不肯承认的美，不一定就不能在她身上散发光彩。

所以最终她成功了，"奥黛丽·赫本"的名字就是一种独特的风格，人们对她散发的魅力念念不忘，对她引领的风潮追逐不停，但她自己却从未放在心上。

她只是坚持着一个原则，不盲目去跟随流行，不趋同于其他人的审美。

而这本身就是一种最高级的时尚。

奥黛丽真正实现了将衣服穿在自己的身上，去展现自己的美，而不是用自己来烘托衣服的美。这对时尚人士来说是非常难得的，人们对此意见一致——

"是奥黛丽穿衣服，而不是衣服穿在奥黛丽身上。"

这才是独属于女性的优雅，才是一个女人真正应该有的时尚状态。

这与著名设计师阿泽蒂娜的一番言论不谋而合，她曾说："一个女人应该像个女演员，经常站在舞台上，所以必须时刻看起来不错，且自我认同、感觉良好。服装只是女人的一部分，它可以装饰对方的美，突出女人的某些特质，强调她的魅力，但人本身应该比服装更受关注。"

这才是女性时尚的本质。而奥黛丽超前的眼光让她提前半个世纪就参悟了这个道理。

有些人总担心自己不够好，就想去伪装成别人喜欢的样子、假扮成自己期待的模样,但就像我所说的,趣味不能凭空而来,你伪装的样子也不会突然造就。装成不真实的样子,连自己都会觉得别扭,露马脚也是早晚的事情。

与其提心吊胆地伪装成别人,不如真实地活成自己,才算是迈出了精彩的第一步。

CHAPTER 3

奥黛丽的时尚,除了独特之外,还有坚持。

简单的重复和坚持,如果能做到极致,一样是一种令人膜拜的艺术。知名艺术家草间弥生被称为"波点女王",一生只热衷于波点这一种艺术元素,却将它演绎到了极致。有人会觉得草间弥生的作品不过尔尔,但当无数的作品汇集在一起,简单的坚持会呈现出一种巨大的视觉冲击力,这奠定了她女王般的地位。

奥黛丽也懂得坚持自己的特色,所以才能稳坐时尚圈的位置。她的坚持,就是简单、高级和气质感。

许多姑娘都不懂得演绎出自己的风格,所以今天穿得休闲运动,明天又要打扮得优雅动人。但你需要知道,一个人的气质是很难改变的,最符合自己气质的穿搭往往只是那一两种风格,什么都觉得好看、什么都想试一试,往往会令人觉得你的气质不伦不类。

奥黛丽则不同,年少时她就有自己坚持的审美模式。她喜欢质感良好、剪裁精致、突显自己身材特色的衣服,搭配的色彩往往简单、柔和,不是黑白灰的高级搭配,就是充满温柔色彩的淡蓝色、暖绿色,带有贵族王室般的亲和与高雅。

第一次拜访纪梵希的时候,奥黛丽就用自己的眼光征服了他。当时的纪梵希正忙于其他工作,无暇为奥黛丽专门设计服装,而奥黛丽则很大度地表示,没关系,她可以自己从成衣中找出心仪的衣服搭配。

她挑选了一件灰色的羊毛外套,里面搭配白色的无肩带小礼服,上面绣着黑色的小花。简单的色彩,黑白灰的经典搭配,在如今是许多人都知道的、绝不会出错的高级穿搭,而在当时,这种观念还未形成,更可见奥黛丽的超前性。

穿上这样一套成衣,纪梵希就被惊艳了,他立刻意识到,这是个能将自己设计的衣服穿出灵魂的女孩,他们将成为最好的搭档。

那一年她才二十四岁,余生的近四十年里,她一直都坚持着这样的风格。

很多人都喜欢"赫本风"的小黑裙,却不知道奥黛丽穿着的小黑裙有许多款式,因为美,所以她愿意坚持去穿,每一款都成为经典。她知道自己的脖颈线条漂亮,几乎所有的衣服都会露出干干净净的颈部,让人感受到和谐的优雅。她很纤瘦,所以更喜欢修饰腰部的衣服,紧紧地包裹在腰上显出盈盈一握的美感。

她特别懂得自己哪里漂亮,更重要的是她会坚持演绎这个风格。

坚持属于自己的风格,时间久了,就会成为你的一张名片,让人看到这样美好的形象就想起你。我们未必有幸如同赫本一样,成为某一风格的代言人,但也完全可以寻找属于自己的独特之美,然后坚持它。

不要怕旁人不认同,当你足够自信,敢于展露自己的特别,人们自然会发现其中的魅力；不要怕自己的风格没有特色，如果你能将一个元素演绎到极致，总会成为你的标志。

那就是属于我们的时尚。

征服纪梵希的女人

CHAPTER 1

提起小黑裙，人们不可避免地想起两个名字——

纪梵希与奥黛丽·赫本。

让小黑裙得以在时装的历史上拥有不可忽视的一席之地，成为每个女人迈向优雅的过程中必须拥有的一件衣服，奥黛丽可谓功不可没。

从《龙凤配》到《蒂凡尼的早餐》，奥黛丽穿出了小黑裙独特的优雅，让人们一提起它就想到"赫本风"，同样，一想到奥黛丽，就联想到那一袭黑裙。

而这些经典的形象，都出自贝尔·德·纪梵希之手。

人生最幸运的莫过于就是拥有挚友，彼此能够互相成就，纪梵希与奥黛丽就是这样一对朋友。他们都才华横溢，对时尚有着自己的见解，便联手带领起新的审美潮流。

人们羡慕他们的友谊，却难以复制。因为这样的友谊，必须存在于两个互相尊重、互相欣赏、拥有一样价值观念的人之间，而且还需要恰到好处的天分，缺一不可。

可以互相成就的友谊，不一定意味着多完美，但彼此双方一定是互相认可、尊重和信赖的。

奥黛丽和纪梵希之间的尊重与信任，远超出了一般的合作者，这是他们可以维持一生亲密关系的基础。

他们的第一次见面是在1953年，当时奥黛丽正在为自己的新片《龙凤配》寻找合适的设计师。众所周知，她对形象有自己的见解，所以服装的选择必须要由她自己来做，面见设计师也就成为奥黛丽的必然之行。

一开始她想选择巴黎世家的创始人来为自己设计，但很可惜这位设计师太忙碌了。于是辗转之间，奥黛丽找到了刚崭露头角的纪梵希。

乍一听到有位名为赫本的演员来合作，纪梵希高兴极了，他以为要来的是当时的大明星"凯瑟琳·赫本"，没想到真正见面时，才发现是刚红起来的奥黛丽。

第一眼，纪梵希就以专业的眼光看出了奥黛丽的优缺点——这位小姐楚楚动人，有一双小动物一般灵动又美丽的大眼睛，身材非常纤细。但同样，她这样的身材十分平淡，过于瘦高的身板、平胸与大脚让她穿不上性感的礼服与高跟鞋，很难融入当时的潮流。

两个同为新人的年轻人，开始了一次气氛轻松的会面。二人对奥黛丽的形象定位有着不约而同的认识，这让他们在造型设计上有许多的共同语言。

拥有共同的审美和判断，对一个设计师来说是很难得的。在成为挚友之前，他们先成了知己。

人们常说，你是什么样的人就会交往什么样的朋友，你的价值决定朋友圈的价值。事实上，人们的确更容易吸引与自己相似的人，所以在

第五章
有趣的灵魂特立独行

与优秀的人为伍之前,我们往往需要先让自己变得优秀起来。

获得纪梵希一生的友谊,总需要有一个恰到好处的开端——同样的审美追求,说不完的共同语言,就是奥黛丽和纪梵希友谊的保证。

他们联手创造了那个被全世界人所铭记的赫本,那个仿佛从油画当中走出来的、清新脱俗的优雅女人。

CHAPTER 2

单方面的追求很难获得真正的友谊,挚友往往是互相欣赏的,爱情也是如此。

事实上任何一种亲密的关系都需要建立在彼此互相肯定、尊重和欣赏的基础上。若你身边的人总爱贬低你、瞧不起你、挑剔你,他大概不是你贴心的朋友——谁会选择自己看不上的人做朋友呢?

挚友,是愿意将自己的后背托付给你,愿意在所有人抛弃你的时候肯定你,愿意给予你鼓励的人。

奥黛丽和纪梵希既是挚友又是战友,他们互相成就,互相欣赏。

在纪梵希的事业中,奥黛丽是他的模特,是他的缪斯。纪梵希的设计简约又古典,必须有一个棱角分明、气质优雅的身架才能展现出服饰的魅力,过于性感的形象反而会拉低高级感,而奥黛丽成了最合适的选择。

同样,奥黛丽在旁人那里显得过于平淡的身材,却可以在纪梵希手中绽放出优雅气质,不得不说是一种最好的巧合。

所以,他们彼此都给予对方最极致的赞美。

奥黛丽始终坚持,自己并不美,就像是街边普通的一枝野花,但穿

奥黛丽·赫本传
用灵魂亲吻世界

奥黛丽·赫本经典小黑裙

上了纪梵希所设计的礼服,就好像寻找到了最完美的花瓶,让自己的形象陡然提升了。

纪梵希却觉得恰恰相反,他的服饰正需要一个气质高贵的美人演绎,奥黛丽是成就他的缪斯。

这种相互的肯定,让他们能发自内心地为彼此付出,才创造出了20世纪最优雅的女人形象。

相互肯定、信赖并不容易做到,只有真正的同路人,以同样的态度去对待生活,对世界有同样的评判和价值取向,才能做到这一点——因为当他们看着对方的时候,就仿佛看到另一个自己。

交朋友大约就是如此,一味去追寻更加优秀的人做朋友,并不意味着真正能找到挚友,若不是相同境界、相同思想的人,最终还是要渐行渐远。

只有你自己先强大起来,才能找寻到同样强大的人。

若有花开,芬芳自来。

CHAPTER 3

好的友谊往往互相成就,彼此之间想到的是相互付出而非索取。

人们总想着与成功的人交往,其目的往往不纯,不过是想着从别人那里得到什么,抱着这样的想法,绝不可能找到真正的友谊。挚友之间首先是付出,回报只是结果而非目的。

奥黛丽曾经这样形容纪梵希:"这个世界上能让我比爱他人更爱的寥寥无几,他是我认识的人里最真诚的一个。"

而在奥黛丽生命的尽头，纪梵希曾安排私人飞机送奥黛丽回瑞士，她一生都过着简单而低调的生活，这第一次的尝试让奥黛丽感到十分兴奋，更多的则是感动。感动于纪梵希为自己所付出的，而纪梵希则告诉她："你是我生命的全部。"

他们之间的友谊超越了爱情，彼此都将对方当作生命里最为重要的一员，并愿意为对方付出自己的真诚。只有这样的付出在先，才有彼此的成就在后。

纪梵希为奥黛丽的形象设计绞尽脑汁，奥黛丽也愿意为他做一些牺牲。她从不吝于为纪梵希做广告，在自己的几部经典影片当中，几乎所有的服饰都来源于纪梵希。每次奥黛丽需要为杂志拍照的时候，她总会想着穿上纪梵希设计的衣服，因为她知道，这是对好友事业最好的宣传。

我想，"品牌挚友"这个如今已经泛滥的词汇，曾经一定有着极为深重的意义。奥黛丽和纪梵希的友谊，就完美诠释了什么叫作真正的品牌挚友，她是真正与纪梵希名字分离不开的人。

纪梵希的一生，都将奥黛丽视为特殊的存在。他给奥黛丽送过许多礼物，每一件都有深刻的意义，若不是因为他们之间的友谊太过纯粹，只怕再没有其他男人能比得上纪梵希这样贴心。

1957年，他送给了奥黛丽一个小小的礼盒，里面装着一支以她的名字命名的香水，在奥黛丽独享一年之后，这支香水才会上市，这是朋友的特权。

1983年，纪梵希品牌诞生三十周年庆典在日本举行，奥黛丽如约前

第五章
有趣的灵魂特立独行

往，但这一次并非以朋友或明星的身份前来，而是以家人的名义。

尽管她并不是纪梵希的姐妹，但这些年里的相互扶持，让他们拥有了比血缘更加深刻的联系。

是灵魂伴侣一般的，比亲人更加深刻的挚友关系。

朋友的意义便是如此，我人生当中每个重要的时刻都希望你能够见证，我也愿意为你每个重要的时刻付出我所有。至于获取，那不过是我们在彼此成就的过程中附赠的礼物，但在我们的友谊里，它从不是主旋律。

付出，信任，尊重，理解，能够做到这些的，大约才是真正的朋友。

奥黛丽的时尚之路并非刻意而行，令人印象深刻的反而是她与设计师的友谊，至于那些美好的衣服、迷人的香水、漂亮的形象，都成为友情的附加品。不刻意去追逐时尚，却活成时尚的样子，这才是真正超前的态度。

在复杂的世界里简单地活着

CHAPTER 1

奥黛丽·赫本最大的独特之处，在于无论外界如何复杂，她依然可以活得透彻、简单。

她身处于电影和时尚界，这个自诞生以来就从未逃离纸醉金迷的圈子，远比外界复杂得多。就连派克在赞美奥黛丽的时候，也说这个圈子惯常存在心口不一、嫉妒攀比等复杂的色彩，而奥黛丽从未沾染这些陋习。

不管别人以怎样钩心斗角的方式活着，奥黛丽永远都坚持自己的原则,以一种极简的态度生活着。

这是一种最酷的时尚。

她于人际相处中表现出最大的谨慎和善良,让她的世界比旁人要温暖得多、干净得多。奥黛丽从不在背后说三道四,也不贬低别人,更不会用语言攻击他人,无论是私下还是公开场合。当合作的演员很难相处,甚至令她感觉疲惫时,她也仅仅说,与对方合作不太轻松。

当前夫梅尔与她离婚时,她也从不在背后谈及梅尔的种种花边新闻,抑或他对自己事业的操控,而是最大程度上为梅尔保留了面子,帮助他澄清。

她总是以谦逊低调的态度对待自己的一切新闻,以最亲切的方式对待别人。两度获得奥斯卡最佳导演奖的比利·怀尔德这样评价她:"连上帝都愿意亲吻她的脸颊,她就是这样一个讨人喜欢的人。"

大多数时间,奥黛丽内敛羞涩的性格都让她成为人群中的倾听者而不是发言者,她会认真地注视着对方,眼神中透露着专注和友善,让人感受到自己得到了足够的尊重。这样的姿态,也为她赢得了许多人的好感。

更可贵的是,奥黛丽的态度从未因为对方的地位高低有差异,更不因为自己逐渐名声远播而浮躁,她一直保持着自省自谦的态度,以一种可贵的内敛和谦逊行走于世间。这不仅在当时的电影明星中很少见,在社会上也是非常难得的。她表现出了一种消失已久的、贵族式的优雅和高贵。

这也让她的社交关系、个人生活显得格外简单、干净。始终保持善意本是一件很难做到的事,但当一个人真能如此坚持的时候,许多复杂的状况会变得特别简单。

当你总是以善意的想法解读别人的话时,就少了许多不必要的恶意猜测,两个人的关系会积极许多。

当你愿意先表露出善意和好感时,大多数人也愿意以温柔的态度来回应你,你会发现生活中的幸运变得越来越多。

当你用善意去对待朋友和亲人时,任何人都会感受到你的关怀,你们的关系必然会变得更加亲密……

此时,一切复杂的问题都变得简单了,而最难的反而是如何永远心怀善良。

奥黛丽的纯真与善良让她做到了最难做到的,所以复杂的环境里,她还是如同公主一样被人们关爱着、照料着,始终幸运。这种幸运,是她自己换来的。

CHAPTER 2

明明可以在纸醉金迷的世界里以最奢侈的方式活着,却选择了最朴素的生活,也让奥黛丽得以在复杂的世界里活得简单,却快乐。

物质的享受会让人满足,也会让人的欲望增长,想要的越来越多,简单的快乐就越来越少。尽管奥黛丽是当时顶尖的女星,收入不菲,却还是一直保持着极简的生活方式,杜绝过多的物质享受。

所以,她有更多时间去感受生活最细微的美好。

在镜头前的她总是光彩照人,穿衣必穿高定,身边有专门的化妆师和造型师,出入都前呼后拥,但这只是工作需求。不拍戏的时候,奥黛丽总是打扮简单，生活方式也很平凡。

她在家中喜欢穿简单的长裙，柔软的芭蕾舞鞋，或者衬衫、T恤、牛仔裤，随意又随性。熨衣服这样的小事，她也不假手于人，而是常常亲自动手，她享受其中的乐趣。

生活在瑞士的时候，奥黛丽的家布置得与人们想象中的大明星府邸完全不同。那里种满了鲜花，一切都以温馨舒适为主，与普通人家无异。她总是亲自下厨，为家人忙碌早晚餐，丝毫不顾及所谓的明星身份。

在家里，她只是个平凡的妻子和母亲。

出门时，她也从不以奢侈为荣。与如今动辄出入专门通道、出门必坐头等舱的明星不同，奥黛丽虽然已经享誉世界，出行却总是坐经济舱，一直到她检查出结肠癌、身体极其不适才有例外。

她的许多时光都是在飞机上度过，年轻时需要各地奔波拍戏，年老时则总是去第三世界国家慰问孩子们，但她还是坚持坐经济舱。有段时间，她和伴侣罗伯特会为对方购买商务舱机票，而这是他们送给彼此的礼物，是他们的小浪漫。

第一次坐头等舱，是1992年，奥黛丽感到身体很不适，在罗伯特的坚持下才乘坐。后来大家才知道，那时她已经深受疾病困扰。

第一次坐私人飞机，是奥黛丽临终前想回瑞士时，她的身体已经无法承受长途飞行，好友纪梵希慷慨地为她准备了铺满鲜花的私人飞机。

除此之外，再无其他。她从没有享受过别人眼中理所应当的享受，因为她心怀悲悯，不愿意在这个世界还有人忍饥挨饿的时候，自己去乘坐私人飞机或头等舱。

第五章
有趣的灵魂特立独行

任何高级汽车、飞机都只是交通工具，只要安全快捷，奥黛丽从不挑拣。所以，她也从不购买豪车，家中只有一辆沃尔沃和一辆奥迪，她觉得那就很好。

有的人生活复杂，是因为想要的太多，欲望太多，所以挣扎不休、艰难抉择，把一些简单的事情都想得很麻烦。有人吃家常菜也可以满足，有人却坐在米其林餐厅挑三拣四；有人拥有一份来自爱人的礼物就感动，有人却嫌弃不够贵重；有人出行开车就觉得生活幸福，有人则懊恼自己没买到限量款的跑车……

并不是说哪一种生活方式更好，只是，复杂的、烦恼的生活也许不是外界加之于你的，而是你自己选择的。

否则，像奥黛丽这样原本可以活得很奢侈的人，为何也能在简单的生活方式中得到快乐呢？可见，人处于什么地位并不影响他们最终会做的选择，而欲望的多少则会。

少一些欲望，就多一些简单的快乐。

CHAPTER 3

奥黛丽的简单，在于她总能发现生活中趣味的那一面，尽管她还是谦虚地表示，自己是个无趣的人。

哪怕发生的事情是她所不愿意见到的，她也尽量以幽默的态度应对。

她是个很注重隐私的人，如果可以，她不愿意在公共场合谈论任何关于家庭、朋友的私人信息，但总有人要打扰她的安宁。尽管奥黛丽息影后回归到平静的家庭生活，但记者、媒体还是时常出现在他们一家身旁，试图抓拍什么博人眼球的大新闻。

陌生的记者面孔，成为肖恩和卢卡成长过程中习以为常的角色。

不论是奥黛丽接送孩子们上学，还是周末带他们去购物，抑或参加孩子们的毕业典礼，狗仔队都会准时报道，特别是在罗马这样的大城市。肖恩小的时候，就有过躲避记者的记忆，为了去参加周末的午餐会，他一上车，继父安德烈就把车子开得飞快，试图甩掉后面的狗仔，这让年幼的肖恩激动极了，仿佛自己正坐在赛车上。

长大以后，他就知道这并非什么好事，至少奥黛丽是不喜欢的。

肖恩十八岁那年，陪同奥黛丽去参加芭蕾舞戏剧节。当时他已经涉猎电影工作了，为了能显得更加成熟，他留起胡子来遮掩年龄。这样陌生的打扮令狗仔没有发现他的身份，他们兴奋地追逐着母子俩，拍了整整一天照片。

第二天，标着"奥黛丽·赫本和她生命中的最新爱人"这样博人眼球的新闻，就刊登在了报纸上。

再一次被暴露了隐私，奥黛丽已经学会了苦中作乐。她看着把自己儿子误当作情人报道的新闻，笑着打趣说："如果把'最新'两个字去掉，那他们也不算报道错了。"

尽管她渴望平静，但成为名人的代价让她不得不忍受自己不喜欢的一切。不过，她没有因此崩溃，反而以调侃的态度对待那些生活中的小波折，而这只是其中一次而已。

奥黛丽的幽默、宽容与趣味，在这一件小事上展露无遗。

有时，并不是某些人的生活格外简单或幸运，只是他们愿意用简单的方式，以幸运的思维去解读。这样一定会活得更美好些。

这即是，生活以痛吻我，我却报之以歌。

生活需要一股狠劲

CHAPTER 1

一个能创造出一番事业的人，无不是对别人狠，对自己更狠的。

有人曾说，不要轻视漂亮的女明星们，因为保持身材和美貌也需要极端的自律。没有人的成功是轻易得到的，我们都需要在人后付出巨大的努力和牺牲，才能在人前举重若轻，得到一句轻飘飘的赞美。

哪怕总被当作上帝宠儿的奥黛丽，也是如此。她能以独特的姿态傲然行走于时尚与电影的顶端，摘得一枚枚桂冠，绝不仅凭借幸运，也是因为她对自己的要求足够严格。

尽管长相如同不谙世事的天使，生来就是个甜姐儿，奥黛丽的内心却从不是个脆弱娇柔的小公主，更是个坚强的大女人。她最爱的是芭蕾而不是演戏，做演员只是最初不得已的一份工作，所以当有机会享受家庭生活时，她毫不犹豫隐退了。但这不意味着，她没有做好自己的工作。

可以不那么喜欢，但只要做了，就一定要做到最好，这是奥黛丽的坚持，也是她对自己的"狠"。她说过：

"为了工作，我可以说是鞠躬尽瘁。"

尽管奥黛丽并不是一个高产的演员，一生参演的影片不过二十几部，但几乎每一部都令人难忘，许多代表作至今还被影迷奉若至宝。虽然人们的目光更容易聚焦在她的高贵优雅与时尚新潮上，似乎奥黛丽戴过的帽子都比她精心拍摄的影片要更受人追捧，但她追求演艺事业的脚步并不因人们不在意而停步不前。

她是唯一一个将奥斯卡奖、艾美奖、东尼奖、格莱美奖收入囊中的女星。

可以说，奥黛丽是最早的时尚icon(偶像)，是那一代人眼中的偶像，本可以靠着自己的美貌、气质和内涵成为成功的"花瓶"，但她还是很努力地对待每一份工作，不管在人生的哪个阶段，不管自己是否成名。

拍摄《修女传》的时候，奥黛丽查出患上了肾结石，严重时需要常住医院，即便在家治疗也需要静养，但她还是强迫自己按时起床，只因为有拍摄工作。

明明害怕骑马，但为了拍摄好一个镜头，她宁愿承受坠马的风险，摔断了自己的骨头，还坚持复工完成拍摄。

她因为拍摄电影的需要学会了开车，但不小心撞了别人的车，被对方告上法庭，终生不能再驾驶。

这些都是拍摄中不寻常的挫折，至于睡在村庄的破旧屋子，在高温的天气下穿着厚厚的戏服，冒雨冒雪拍摄，都是再平常不过的状况。因为做了演员，她就全盘接受。

她知道自己要做什么，在需要奋斗的年纪里，奥黛丽从来没有贪恋过任何家庭的温暖或安逸，直到自己已经拥有了一些事业成果，才敢做出小小的任性选择。

第五章
有趣的灵魂特立独行

她努力地抓住每个能触碰的机会,正如她所说:"机会并不会如影相随,所以当它们到来时,你最好抓住它们,并竭尽全力去完成它。"

CHAPTER 2

生活从来不是一个温柔的命题,只有拿出一股狠劲,才能活得热烈肆意。

对生活"狠"一点儿,对自己狠一点儿,哪怕是极狼狈的场合,你也一样能拍拍身上的灰尘,云淡风轻地站起来。优雅从容不等于消磨内心坚强,相反,活得精致的女人是武装到灵魂的,哪怕身处山雨欲来之境,一样有烹茶酤酒之心。

完美的奥黛丽并不是生来就完美,实际上,是因为她骨子里的那种完美主义,让她力求将所有事都做到完美。

"我从来不拥有什么天赋才能,我崇拜我的工作,我尽了最大努力。"她在自己所能做到的范围内,可以说做到了极致。

许多人只看到了奥黛丽的成就,便以为她又是一个天赋型的女演员,然而并非如此。初出茅庐时,奥黛丽只是一个优秀的舞者,却绝对算不上是优秀的演员,她青涩的演技和自然流露、毫无修饰的状态,令人一见便知,这是个新人。

同行的前辈曾说,她不具备任何表演技巧,全凭自己的直觉在表演,但充满灵气;合作的导演威廉·惠勒曾经因为奥黛丽反复失败的一个镜头,抱怨她"浪费了这么多胶片"……

她知道,许多人对她的宽容和夸赞,是基于她是个惹人喜欢的美人,所以嘴下留情。因此，奥黛丽总是将自己的真实能力看得很低，以一种始终谦逊的态度在琢磨、学习。

当她以演技征服了专业的影评人和电影杂志，当她能以自己的经验随口指导儿子肖恩该如何表演时，她已经完成了一个跨越——从别人眼中青涩的花瓶，到一个成熟的演员。

这其中并没有多少人在驱动着她前行，全凭着一股不服气的精神和坚持的毅力。尽管没多少人批评她，她听到的话永远是"你还不错""已经足够好了""毫无疑问是耀眼的"，但她清楚，还不够。

既然不够，就更加努力。

这样的她，才能说出："每当一个困难的时期过去，或者付出巨大的努力之后，我总能……怎么说好呢？付出总会有回报。"

付出总会有回报，这句话，要送给所有付出、努力过的人。相信自己，也许此刻你还不够耀眼，但那又有什么关系呢？奥黛丽在成名之前，也只是个挣扎求生的芭蕾舞女郎罢了。她并非因为成功了才努力，而是因为努力，才成功。

美好的未来总会眷顾努力的人。

CHAPTER 3

奥黛丽曾说过这样一句话：

"不可能的意思就是，不，可能。"

她是个相信只要找到正确的方法，能将一切不可能化作可能的人。在她的字典里，没有"不可能"。

第五章
有趣的灵魂特立独行

这样的话说起来,也许你会觉得狂妄到可笑。可看到奥黛丽做到过的事情,看到那些旁人眼中的奇迹被她一个个实现,质疑的人也只能怀疑自己。也许旁人没做到,但她的确做到了将不可能变成可能。

哪怕最后没有做到,她也付出过努力。

这实在是一种令人心疼的倔强。对待自己的事业,她努力去争取,每个角色都尽可能最好地演绎;对待自己的感情,她付出了所有的精力,哪怕屡次遇到不合适的对象,她也不轻易放弃,而是试图改变对方,将不可能化为可能——尽管她失败了……

她从未说过"这个我做了""那个我也做了",从未因此而满足,而是想着多做一些,多去换取一些可能性。在生命的最后一段时间,奥黛丽一直为联合国儿童基金会的事务奔走,她最常说的一句话就是:"我可以做一点儿……"

她总是着眼于自己还能做什么,而不是已经做了什么。大概就是因此,她才能尽自己所能尽的努力,去扭转那些别人眼中的"不可能"。

将绝路走出通路,化"不可能"为"可能",需要多大的勇气和决断力!可奥黛丽一直是这样做的,因为有些不可能的事,只是因为它存在于你的想象中,而你从未尽过心力。

当你付出所有去尝试了,还不可能,那就只好接受现实。但当你还未尝试,又凭什么说不会做到呢?

别小看自己,别对自己太温柔了,在该奋斗的时候、该下狠心的时候,对自己狠一点儿,才会离理想近一点儿。

重新演绎女人的强大

CHAPTER 1

在群体中,不同的天性注定着人们想扮演不同角色,有的人乐于付出,也有的人享受索取。

他们被称为索取者和给予者。

索取者总想着如何从别人那里获得什么,而给予者的思维出发点则是能帮助别人什么,多数人都同时具备这两种特性,但其中一种占据上风。

奥黛丽则是非常典型的给予者。

她曾说过:

"我自出生就有被爱的需求,而且还有个更强烈的需求:给予爱。"

她以一种母亲般的关怀和急切,想要给予周围的人以爱和温柔。当她发现无法做到的时候,就会责怪自己或感到焦虑。

这是一种典型的给予者人格,她将给予别人帮助看作是最令自己感到幸福的事。实际上奥黛丽也表达过类似的意思——当你沏好了茶却无人喝,没有人依赖你的存在时,你便失去了存在的意义。

她乐于去当一个奉献的人,并不计较自己是否获得了公平的回报,仅仅只是付出,就能令奥黛丽感到快乐。

这是一种真正的强大,一个乐于奉献并且不求回报的人,内心一定

第五章
有趣的灵魂特立独行

是极为充实的,不会去计较别人如何做,只专注于自己的事业,为他人付出的事业。

奥黛丽的这种情怀,让她重新演绎了女人的强大,向全世界证明,一个女人最大的价值不仅仅是漂亮和优雅,更是强大的责任心和奉献力。

在这之前,人们常常忽略女性的力量。在两性关系中,女性的形象是刻板的,人们欣赏着她们的好身材,天使般的漂亮脸蛋,那种直面而来的美的冲击力,却并不愿认同女性同样具备智慧、独立、奉献和强大。

金发碧眼却胸大无脑的形象,在那个时代大行其道,正体现了主流社会对于女性的一种刻板认识。

但奥黛丽的出现,让一个新的女性形象,承托着人们所期待的现代精神,屹立在世界上。这也是她能够成为那个时代片酬最高的女演员、得到无数人追捧的一个原因——她恰好是时代浪潮推动下最完美的女性代言人。

但她也足以担当这样的角色。她没有将坚强独立、敬业奉献等美好的词汇挂在嘴边,而是身体力行,让人们真的看到女人的力量。

她用自己对责任的坚持,让人们意识到女人的强大——职场女性可以很强大,家庭主妇一样可以很强大,她们各自扮演着不同的角色,却都承担着不可替代的责任。

演戏的时候,奥黛丽是敬业先锋,从不吃苦叫累,也敢于去挑战自己的巅峰;成为一个母亲,她也尽职尽责,尽管一生两次获得奥斯卡奖,是那个世纪成就最多的女演员之一,但她却能微笑着说,最骄傲的事情是拥有了两个可爱的孩子。

不论扮演着怎样的角色,她都足够负责,永远清楚自己身上的责任,并对应该负责的对象鞠躬尽瘁。

责任心,使奥黛丽变得坚强无比。

CHAPTER 2

对于丈夫、子女或亲人负有责任感,这并不是一件稀奇的事,一个善良的人都会有这样的天性。而奥黛丽最可贵的地方在于,她的责任感没有局限,她乐于去承担更多的社会责任,将爱和悲悯献给整个世界需要帮助的人。

换言之,这是一种无私的大爱。

这既是出自一种责任心,又源自奥黛丽强烈的、想要给予爱的渴望。晚年她将所有的时间都献给了联合国儿童基金会,为全世界饱受战乱和贫穷困扰的人们奔走呼吁着,一直到自己生命的尽头。此时此刻,尽管她已经褪去了身为影星的光芒,却显得更加高贵而不可逼视,因为人们在此时才真正意识到她的强大。

尽管奥黛丽因为身体的原因,不能再拥有自己的孩子,但她并没有一直沉浸在失落之中,而是将多余的精力与爱放在了关注其他的孩子身上。甚至有些时候,她忽略了两个已经渐渐长大成人的儿子,每当回到家时,与肖恩和卢卡的聊天总是渐渐转移到如何做慈善上。

她并非不爱自己的儿子,只是她的孩子已经长大成人,奥黛丽更愿将有限的精力时间放在需要她的人那里。

她丝毫不介意那些孩子与她没有血缘关系,也不介意没有相同的种

第五章 有趣的灵魂特立独行

族或国籍，因为爱是无界限的。

有段时间，许多人道主义者口中总是提起"捐助疲劳症"这个词汇，可能慈善工作给他们带来了太大的压力，他们更愿意进行简单的金钱捐助，至于其他具体的工作则不愿参与。

毕竟，捐助少量的金钱和不需要的物品，并不是一件难事，但尝试为那些孤儿或贫民们做些事情，甚至全世界各地走访却是一件很花精力的事。

一时间，"捐助疲劳""爱心疲劳"成为许多人为自己开脱的借口，也许他们未必真的因为频繁的慈善工作而感到疲劳，但有了这个词，他们就可以为自己逃避付出的行为披上一层冠冕堂皇的外衣，心安理得地不再参与到慈善工作中。

奥黛丽并不认同这种理念，她多次在联合国的会议上发表自己的看法，急切地呼吁着：

"捐助疲劳实际上就是同情疲劳，对于今天那些在发展中国家受苦的人来说，这毫无帮助。没有什么比一个母亲眼睁睁看着自己孩子死去却无可奈何更加悲惨的事了。"

她从没有吝惜自己的时间和精力，也不满足于仅仅捐赠金钱来帮助别人，而是像曾经那样敬业地对待工作一样，对待自己的慈善事业。

奥黛丽成为联合国儿童基金会的亲善大使之后，从未将其当成点缀自己履历而使其显得光彩的一项，而是将大使的工作看作自己的全部事业，为其鞠躬尽瘁。有些人问她，担任大使能为基金会带来些什么？奥黛丽对自己的定位则非常清楚——

"通过自己的宣传和促进，让更多的人了解并意识到孩子们的需要。"

她对待大使的宣传工作十分重视，每每要在媒体面前演讲，抑或向基金会汇报工作，她总是不满足于请别人来为自己写报告，尽管许多人都是这样做的。每一次，她都要认真查找资料，一字一句都亲笔写就。

CHAPTER 3

有一次，奥黛丽要准备募捐会上的演讲，会议组织方已经送去了演讲的草稿，但她并没有因此偷懒，还是亲笔写了一篇新的。在联合国基金会的档案柜里，就有满满一柜子关于奥黛丽担任大使的资料，其中能查到许多她亲笔写的演讲稿，上面遍布密密麻麻的删改痕迹，还有她思考过后提出的问题。

为什么奥黛丽会做这样看起来白费力气的事呢？尽管旁人不一定能看出她的用心和努力，但奥黛丽喜欢用这种方式来贯彻自己对慈善事业的坚持，她说：

"你不能只是站起来说一句'来到这里很高兴，我很喜欢孩子'，然后就觉得一切都结束了。"她知道那样作秀的表现是远远不够的，她希望能够更加深入地帮助当地人解决问题。

比如当孟加拉国因为水灾而死亡几千人时，奥黛丽不仅考虑如何帮助灾难中的人，还查阅资料去了解水灾为什么会发生，造成这场灾难的原因是什么，如何才能避免下一次的灾难。

在帮助贫困人口的时候，她也不仅仅想着为他们捐赠粮食和药品就够了，更愿意去了解当地的历史，弄明白为什么这里如此贫穷，以便于帮助他们真正靠自己的力量摆脱贫穷。

她的帮助是一种更聪明的援手，授人以鱼，不如授人以渔。

这样的女人是智慧的，是有着真正悲悯和耐心的，她纵使外表柔弱，身上也具备着最强大的力量，只要有一丝多余的精力，就愿意让它发光发热去照耀身边的人。

她说过："记住，当心需要帮手时，那只手就长在你身上。当你长大后，记得你还有另一只手，一只手是为了帮助自己，一只手是为了帮助别人。"

她用大爱来拥抱世界，用自己的方式诠释了什么是真正的强大。

我并不漂亮，只是恰好幸运

CHAPTER 1

从某种角度上讲，尽管奥黛丽·赫本是一个世人公认的漂亮女人，但她自己并不是这样认为。

她的美丽很独特，这使她在那个时代的漂亮姑娘中脱颖而出，并引领一种独一无二的时尚潮流。但同样，这意味着在她还没走出自己的路之前，必然会遭受主流审美的质疑。

所以少年时的奥黛丽内向谨慎，甚至还因为自己身材上的不完美而感到自卑。这种谨慎和谦虚也一直延续到她的生命尽头，当回顾过往一串串辉煌经历时，奥黛丽是这样说的：

"我并不漂亮，只是恰好幸运。"

她的确足够幸运,但谁又能够否认她的美丽呢?她实在是太谦逊了,这种可贵的品质在社会中越来越少见,人们更崇尚自信而不是谦逊,但奥黛丽却一直保持自己的风格。

因为谦逊,越加优雅。

奥黛丽的幸运源于生而逢时,恰好在那个时代,需要这样一个女性形象站出来。但任何幸运都不会毫无缘由地落在你头上,如果奥黛丽没有自身所具备的那种精神和个人魅力,又如何能成为这个代言人呢?

战后的欧洲,人们急需一个存在于理想中的、优雅善良的完美女性作为标杆,又要符合新的时代需求。当时许多人都觉得,不会存在这样一个女人,但这样的形象却被奥黛丽·赫本完美演绎了出来。

她之所以成为那个被时代所青睐的幸运儿,是因为她几乎展现出了所有人们能想象的现代精神。

她天生便有一股来自法国的浪漫气息,浓重的英国口音让她有老贵族的气质,顽强又坚韧不拔的精神是荷兰这片土地给予的,她那传奇般的成功经历,又符合当时人们所期待的美国梦……她身上凝聚了整个西方国家人们所喜爱的特点,是那个黄金时代最完美的代言人。

她如果早生几年,也许会被嘲笑是只会妄想的浪漫主义者,是过于倔强的野姑娘,也不符合旁人对于漂亮的审美;她如果晚生几年,那种谨慎和保守也许会被别人嘲笑是老古董,会被人认为不符潮流。

她仿佛生得恰到好处,正巧就成了那个时代的偶像。

但这真的仅仅是幸运吗?那个时代的女孩千千万万,为什么只有奥黛丽被命运之神所选中呢?能够成为影响一代人的女星,除了有天时、

第五章
有趣的灵魂特立独行

地利还有人和。

奥黛丽身上所具备的谦逊、善良、优雅、坚韧……种种美好的品质推动着她,走向了时代的风口浪尖。最终,这份幸运还是她自己带来的。

CHAPTER 2

奥黛丽的幸运源于自己特殊的气质。是的,也许她不是人们眼中那个美得标准的女孩,但气质上的独特,让她总会成为人们视线追逐的焦点,谁也不能说她是不美的。这告诉我们一个道理——

若有气质藏于身,岁月绝不败美人。

奥黛丽去世多年后的今天,依然有女孩会模仿着那个清瘦苍白、留着短发、穿着黑裙的少女形象,可见人们对她的崇拜。但奥黛丽可真不是那个时代长相标致的美人儿,相比于脸型,她的鼻梁看起来有点窄了,鼻孔也有点大,嘴巴宽宽不够小巧,下嘴唇中间有一个让人难以忽视的凹陷,下颌骨总令人觉得略微夸张。

放在现代,人们会说这是一张棱角分明的高级脸,但在那时候要突破人们的审美局限,何其艰难。可即便如此,没有人说奥黛丽是不美的,见到她时,所有人都会被她的魅力所征服,这是她具备的那种独特气质,遮掩了所有的缺点。

把每个五官拆开都不是完美的,但合在一起就是完美的奥黛丽·赫本。

这是优雅的气质所带给人的观感,当这个女孩动起来的时候,优雅昂起的下巴,举手投足之间的轻盈和高贵,都令人觉得眼前一亮。如果没有美丽的体态，没有贵族般的举止，没有充满智慧的言谈，奥黛丽也不过是个平凡的姑娘。

是她的气质与思想赋予了躯壳以完美。真正的美丽是由内而外的，而不单是由外而内，这才是奥黛丽真正的幸运。

CHAPTER 3

始终保持一颗谦逊和感恩的心，也让奥黛丽总是觉得自己很幸运。有时，幸运或不幸的感受只来源于我们不同的出发点，当我们的欲望过多而总不满足时就是不幸的，当我们始终谦逊看待自己，就会发现一切都是世界的眷顾。

奥黛丽就是后者。有许多人劝她，可以将自己的故事写下来，哪怕没有太好的文笔，只要亲自去讲述，都一定会有人愿意倾听。

而这对奥黛丽来说并不难。她曾经博览群书，对文学作品有自己的品读审美，也应当有不错的文笔。可正因如此，奥黛丽反而难以下笔。她崇拜那些优秀的作家，更因此觉得自己渺小，总担心写出来的东西毫无意义或令人厌烦，便总是不敢下笔。

而且对于自己的生活，奥黛丽的评价是——平凡普通。她并不认为自己跟旁人比起来有什么值得写的故事，也不愿听从编辑的建议去写一些吸引眼球的故事做噱头，她很谨慎。

所以，奥黛丽最终也没有写过什么，她始终那样小心谨慎、谦虚待人，不肯吹捧自己亦不肯议论别人，怀抱着一种对于文学艺术的敬畏，由始至终。

第五章
有趣的灵魂特立独行

奥黛丽的谦逊可见一斑。

而除此之外,她也总是心怀感恩,从不向外人抱怨自己所遭遇的困苦,只想着如何前进。

她说过:

"人之所以为人,是必须充满精力,自我悔改,自我反省,自我成长的,而并非向他人抱怨。"

奥黛丽出生在一个动荡的年代,一辈子都在遭遇坎坷,年少时的战火阴霾,长大后不幸的婚姻,这些烦恼几乎陪伴了她半生。可即便如此,她从没有将精力放在抱怨上,即便在奥普拉的脱口秀里,她也没有回顾自己过去的艰难。

她不靠卖惨来生活,尽力向人们展示那些优雅美好的东西,仿佛生来就是含着金汤匙的公主,一直生活在快乐与幸福当中。

她隐藏起自己的脆弱,展露出坚强快乐,始终保持着平静的微笑,这正是在经历了波折之后从容淡定、泰然自若的表现。而这一切,都因为奥黛丽拥有一颗感恩的心,始终感恩现在,期待未来,从不被过去的苦难所困扰。

奥黛丽的幸运并不是突然到来的,是凭借着她的魅力、付出和心态换来的,优雅的气质让她魅力无穷,谁见了不会爱上呢?努力付出,才得到了一切幸运的回报。而谦逊、感恩、乐观的心态,让她一直能活在美好中,自然幸运无比。

想要获得幸运的一生,就请先成为奥黛丽那般的天使吧!

第六章　在慈善的道路上前行

做一个母亲的梦想

CHAPTER 1

我曾听过下面这样一个故事。

在一间小学中,老师问孩子们:"你们有什么梦想?"

有的孩子回答,长大后要当政治家,带给人们幸福的生活;有的孩子说,长大要做警察,维护社会治安;还有的孩子想要当一位木匠、一位教师、一位科学家……

角落里的一个女孩自信地说:"我以后想当一个母亲!"

所有的孩子都笑了,他们嘲笑这个女孩天真又无聊的梦想——母亲——女孩们不是大多都会成为母亲吗?这有什么好梦想的。

只有老师问:"为什么你想做一个母亲?"

"因为我妈妈是这个世界上最伟大的人。"

如果奥黛丽也有机会回答这个问题的话,她大概就是角落里的那个小女孩。她期待着成为一个母亲,堂堂正正地说,"我的梦想就是做另一个孩子的妈妈"。

为什么我们不能梦想着成为一个母亲?虽然大多数女人都有机会成为母亲,但她们未必真的合格。期待并努力做好母亲的角色,带给孩子们快乐的童年,影响下一代的一生,这并不是一件容易的或者可有可无的事,而是一种同样伟大的事业。

奥黛丽就将做母亲这件事,等同于自己的事业。大概因为她经历过家庭的不幸,就更懂得在人的一生中,父母给予的感情与教育会起到多么大的影响。

从小奥黛丽就有这样的愿望——做个好妈妈。也许是源于自己儿时的缺憾,父亲离家出走,母亲过于严肃冷淡,让奥黛丽很少有机会感受到其他孩子感受过的家庭温暖。后来,她就在接受采访时表示,自己一定要成为一个好母亲,给予孩子她没有得到过的美好感情。

奥黛丽渴望一个温暖的家庭,拥有属于自己的孩子是令她感到最快乐的。事实上,不管是她发展事业的前半生,还是息影照顾家人的后半生,奥黛丽始终都将家庭放在第一位,这是毋庸置疑的。奥黛丽曾经的公关亨利·罗杰斯说过:"奥黛丽永远将事业放在第二位,她会把重心一直放在追求自己的幸福、爱和平静上,放在拥有相爱的伴侣上。"

那时奥黛丽才刚结婚,仅仅拥有了伴侣、拥有了一个新家庭,就让她感到无比满足,甚至希望减少工作以陪伴爱人。而有了孩子,她的喜悦只会加倍。

但命运并没有特别青睐这个美好的姑娘,她期盼着成为母亲,这条路却坎坷不断。

第六章
在慈善的道路上前行

CHAPTER 2

1954年10月,奥黛丽与梅尔婚后不久,她怀孕了。她一直焦急盼望着能拥有一个孩子,而上帝似乎决定怜悯她,这无疑让奥黛丽感到快乐。

也许她也无数次给自己打气,要做一个好妈妈,要给孩子美好的童年,绝不让他们承受自己儿时的痛苦经历。但是,她的准备全都落空了。

第二年3月,奥黛丽因为身体太虚弱,流产了。也许是战争年代的动荡彻底摧毁了她的健康、影响了她的发育,奥黛丽的身体在孕育孩子上显得格外艰难,这让她的梦一下子化为泡影。

多年后她才敢直面那时的痛苦,她说:"当时我几乎就要崩溃了。"

而她没有想到,崩溃的事情还在后面。在与梅尔十几年的婚姻中,他们拥有了一个儿子肖恩,这是幸运的;不幸的是,奥黛丽流产了四次,只顺利生下了这一个孩子。

后来虽然与多蒂生下卢卡,但她也流产了一次。她的一生失去了五个没能谋面的孩子,而最后一次,医生告诫她,最好不要再尝试怀孕了。

她的身体再也不能承受。

世界是那么不公平,有些人拥有却不珍惜,珍惜的人想要却无法拥有。奥黛丽那么喜欢孩子,却不得不面对无法生育的结果。她经历过许多次失望和痛苦,一次次的喜悦都破碎、消逝,叫她如何能接受呢?

一生只有两个孩子,奥黛丽在抚养教育他们的过程中,倾注了全部的心血。尽管她并不是个善于表达感情的人,但她努力地学习,至少向着孩子们,她总是乐于表达——"我爱你"。

让爱围绕着孩子们,直到他们长大成人。

即便是一次小小的学校活动,奥黛丽也很尊重呵护孩子们的心情。肖恩十二岁那年,要参加学校的话剧排演,需要扮演一个臆想症患者。奥黛丽给他提供了许多关于表演的建议,让肖恩得以更轻松地演绎。

即便如此,在演出临近时,他还是觉得紧张得睡不着觉。奥黛丽一眼就看破了肖恩的焦虑,但她没有忽视孩子的小情绪,而是给他耐心建议:"知道我会怎么做吗?我会在睡觉前先大声朗读一遍台词,第二天醒来再来一次。"

"这样就够了吗?"

"当然!"

奥黛丽的笃定给了肖恩信心,他相信照着母亲说的做没有问题,焦虑也缓解了不少。

表演的那天,肖恩没有在前排发现自己的母亲,但当演出顺利结束时,台下掌声雷动,肖恩冷静地观察,才发现母亲就站在远处,藏在树荫下。

原来,她怕自己的到来会让肖恩更加紧张,影响他的情绪,所以只站在角落观看,没有站到他面前去。

她那么认真地体会着孩子的需求,尽管自己也期待着看肖恩的表演,但还是决定优先照顾他的感受,这样的尊重和体贴,是许多人都不具备的。

母亲,并不是天生就可以做好的角色,需要足够用心和耐心,灌注相当多的爱心,才能养育好一个孩子。奥黛丽用了一生的时间来学习做

第六章
在慈善的道路上前行

一个母亲,并将这个角色做到了最好。

CHAPTER 3

奥黛丽陪伴着两个孩子长大,直到卢卡十七岁的时候,她觉得,他们不再需要自己的担心与牵挂了。

孩子们已经走向独立,奥黛丽考虑开启一段新的生活,满足自己更深层次的需要。拍电影?她已经不再留恋这份事业,而当时的电影市场已经和奥黛丽所习惯的脱节了,她不想去拍摄那些烂片。

这时,她接触到了联合国儿童基金会。

那是1987年的秋天,奥黛丽在澳门任职的远房堂兄邀请她来音乐节做嘉宾,奥黛丽欣然应允。音乐节上其中一个环节,就是为联合国儿童基金会进行公益性演出。

这一下子唤醒了奥黛丽的记忆。战后,如果不是红十字会无私的帮助,她也许无法很快摆脱贫病交加的状态,是红十字会为自己带来了新的希望。而联合国儿童基金会,这个二战后成立的非营利组织,也是为了全世界贫困地区儿童服务的。

仿佛世界变成了一个圆,曾经她得到过帮助,现在,她可以去帮助别人了。

奥黛丽决定去帮助更多的孩子,这得到了罗伯特的支持。尽管她想要多生几个孩子的梦想没有实现,但现在,她可以去做更多孩子的"母亲"了,这让奥黛丽很快乐。

也唯独此时,奥黛丽感谢自己明星的身份,她说:"我的特权就在于能为那些无法发声的孩子们发言。拯救孩子是一种福气。"

爱是她最纯粹的信仰,能够爱人,还是那些需要帮助的、天使般的小孩子,奥黛丽并不觉得这是困难的事,而是一种享受。

她积极参与各种活动,这与以往大不相同,而仔细观察会发现,奥黛丽参加的都是有联合国儿童基金会慈善义演的活动。她会主动向媒体介绍儿童基金会,利用自己的影响力去宣传,让人们重视这些慈善事业。

不求回报,只为了让更多的孩子幸福,这难道不是母亲之心吗?

1988年3月,奥黛丽申请成为联合国儿童基金会亲善大使,一周后就得到了任命。

她在申请书上写:"我想实现我的理想——为帮助儿童而竭尽全力。"

基金会任命奥黛丽为大使,却没想过她会做后面那么多事情,会飞到全世界贫瘠的国家,像普通志愿者一样照顾那些孩子和妇女。他们只想着,奥黛丽可以在媒体面前宣传、担任慈善晚会的主持人,这就足够了。毕竟,亲善大使并不是一份工作,他们只会得到每年一美元的象征性收入,全都是义务付出,也很难强求每个人都做到尽力。

但奥黛丽没有止步于此。从此之后,她出门再也没有乘坐过商务舱或头等舱,因为基金会的成员出行只能享受最低价格的机票,奥黛丽从不觉得这是一件不可接受的事情,只要是为了孩子。

她开始全世界奔波,除非为了基金会,很少出现在舞台上或活动里。直到发现自己患上癌症,她才停止。

做更多孩子的母亲,做一个好妈妈,奥黛丽实现了她的梦想。

第六章
在慈善的道路上前行

善良不应该只挂在嘴边

CHAPTER 1

什么才是真正的善良？

我始终认为，没有付出行动，只是挂在口头上的善意，并不能算是真正的善良。有些话说出来容易，但真正实践时却很难，所以大多人能把话说好，却很难把事做全。

当别人摔倒的时候，站在旁边为他感到痛苦、同情他的人不是真正的善良；义愤填膺谴责别人不去扶他、自己却没有动手去做的人，也不是真正的善良；只有那些真正默默扶起摔倒的人、将善意转化为行动的人，才具备善良之心。

人们称奥黛丽·赫本是行走在人间的天使，她身上的那种优雅、善良和美好的光芒，是无法遮掩的。而不了解的人往往会疑惑，难道像奥黛丽那样长得像天使、笑得很漂亮的人就可以称作善良之人吗？为什么人们会给她这么高的评价呢？

她是在人间走过一遭的天使，这样的评价不仅源自她漂亮的脸蛋或者优雅的气质——任何一种外表上的美丽，不足以担当这个称呼。人们将奥黛丽看作天使，是因为她真正拥有一颗善良的心。

在早年投身于电影事业时，合作者们都感受到了奥黛丽的宽容大度与善良。

在晚年专注于慈善事业时，全世界贫困地区的孩子们，都看到了这个女人身上仿佛母亲般的善意。

她是用自己的品德和身体力行的行动，证明自己的善，才得到了人们这样高度的评价。

奥黛丽不是仅仅将慈善事业挂在嘴边。在这些年里，像她一样拥有各个组织亲善大使头衔的人有许多，他们利用自己的影响力在宣传公益，这是值得赞扬的。但我们也必须说，其中大多数人对慈善事业没有太多亲力亲为的贡献。

慈善组织看中了名人们的影响力，希望他们能够带动社会更多的人去关心慈善，而名人们也心照不宣，只付出自己的影响力，在需要时为慈善事业站台或捐款捐物，真正能像志愿者一样在一线参与救助工作的，少之又少。

但奥黛丽不同，尽管联合国儿童基金会并没有给她太多束缚，一切选择都是自由的，奥黛丽还是在担任亲善大使之后，将几乎全部的时间精力都用在了这个无报酬的事业上。

她去了非洲最贫穷的地方，第一站就去了埃塞俄比亚访问；她去了动荡不安、布满战乱疮痍的地方，比如索马里。如果不是因为疾病阻碍了她的脚步，甚至夺取了她的生命，在未来的时光里，奥黛丽一定还会坚持在路上。

检验一个人是否真心，并不需要听对方说了什么，只需要看他们做了什么。善良也是如此，如果人人都把善意挂在嘴边，却不乐于去实现，如果人们将善等同于傻，那这个社会又如何变得越来越好呢？

第六章
在慈善的道路上前行

唯有知行合一，心口皆同，以行动来证明自己的善意，才能得到所有人的尊重。

CHAPTER 2

把一种想法落实在行动上，需要强烈的积极性和使命感。我们常常会感觉到自己拖延或疲乏，总是想法很多，却做得很少，往往就是还不够爱或积极性不高。播撒善意也是如此，许多人总是口头上嚷嚷着要去做志愿者，却一年一年等待着不付出行动，只是因为考虑到种种因素而不够积极罢了。

想要把想法付诸行动，你就一定要享受它，才会有积极性。奥黛丽很享受为儿童基金会工作的日子，尽管这让她身体劳累，又没有报酬，但她从没有厌倦。

在工作中所见到的所有令人感到悲伤的事，没有打消奥黛丽的热情，相反，她觉得自己能做的更多了。尽管在别人看来她只是弱小的女性，但奥黛丽却觉得自己的力量可以很强大，至少在帮助那些孩子上，她可以做很多。

她将基金会的事看作自己事业的一部分，而且是比一个演员所能做到的更高尚、更重要的事业，这让奥黛丽感觉比以往更加快乐。

奥黛丽对于慈善事业有一种难得的使命感，这也让她具备行动力。她没有把基金会的慈善事业看作别人的事，而是把自己看成是儿童的代言人，这个身份对奥黛丽来说十分重要。她仿佛能感觉到自己身后站着那些需要帮助的孩子，有的因为缺乏干净的饮用水而发育不良、疾病缠身，有的因为缺乏维生素摄入而不幸失明，有的因为战乱不得不远离家乡甚至遭受到生命威胁……这让奥黛丽充满紧迫感，必须要每天都为这些孩子们做些什么。

行动力来源于积极性和使命感。积极性让我们在做事的时候充满快乐，使命感让我们愿意将眼前的事当作最重要的来做，且不能不做。无论是进行慈善活动去帮助别人，还是做自己应当做的事，都应该具备这两点，才能将想法落实到行动中。

奥黛丽做到了，在晚年的每一天，她都将自己的无限热情放在了为孩子们鞠躬尽瘁上。

CHAPTER 3

善良是不求回报的，也是应该付出行动的，更应该在行动中迎难而上。

做好事也往往会面临困难，有些人因此退缩，不愿付出，有些人却能怀着赤子之心，不断前行。这就是一种考验，考验你的善良是否虔诚热忱，是否愿意为了那些与自己无关的人付出时间与精力，忍耐困难和寂寞。

奥黛丽做到了。

成为亲善大使，在全世界飞来飞去，并不是人们所想的那样光鲜亮丽。在发展中国家进行志愿工作，就得和当地人一样，忍受简陋的住宿、不干净的食物和水、不安全的生存环境，这并不是一份舒适自在的工作。

除此之外，总是进行长途飞行，也是对健康有所妨害的，仅仅是时差问题就会让人大为痛苦。

第六章
在慈善的道路上前行

但奥黛丽一直坚持着,直到自己查出了癌症。

1992年,是奥黛丽在联合国儿童基金会工作的第五年,她已经不是那个初入基金会的新手了,她参加了无数志愿活动,这让奥黛丽的行程越来越密集。

她在发展中国家帮助孩子们,再飞回发达国家进行宣传,呼吁人们进行募捐,如此往返,不计其数。机票是基金会无偿提供的,奥黛丽只能乘坐最便宜的经济舱,因为前往的国家情况不同,许多时候都需要多次转机才能到达。

伴侣罗伯特苦中作乐地说,这种方式可以让长途飞行变成几个短途飞行,还能给他们休息的机会,转机时也能倒时差,算是有些好处。但实际上这不过是一种乐观的诠释,实际上这种方式把路途拉长了,他们不得不付出更多的时间和精力在飞机上。

这让奥黛丽经常感觉疲惫不堪。但即便如此,她还是打起精神来,去帮助孩子或者进行宣传。

一年中的大多数时间,他们都是这样度过的,在全世界最发达和最贫困的国家之间往返着,一半的时间都花在飞机上。这对身体危害很大,可是奥黛丽一直没有停止,直到自己病了。

她愿意克服这些困难,即便这在旁人眼中是极大的问题,她也毫不在乎,并认为值得,只因为这可以令她帮助别人。

人们如果可以排除万难去做一件事,那他们就一定可以将这份事业做好。忍受困境是必要的,如果我们畏难,那无论在哪里都无法成功。

奥黛丽拥有那种坚持的毅力与抵抗困难的勇气,这让她总能在各个领域成功，而在慈善事业上能做到如此，还有一个最重要的原因——她始终将善良放在心中。

亲和力和爱一样重要

CHAPTER 1

一个从容优雅的女人，如果还能具备亲和力，可以说是十分完美了。

奥黛丽就具备着一种独特的亲和力，这并不影响她的高贵，反而让她在优雅之余，显现出一种母性的光辉。正是这种不具攻击力的亲和，让人们不经意间就在奥黛丽面前卸下了防备，特别容易与她建立亲密的关系。

亲和力是女人最有力的一把武器，可以以柔克刚，将全世界的恶意都化作温暖，将全世界的冷漠都融化。

奥黛丽的五官是有棱角的，却不妨碍她有强大的亲和力，因为她总是微笑着，给人以鼓励、安抚和肯定，她如同小鹿一样清澈的眼睛，目光深邃又动人，却永远闪烁着天真温柔的光芒，让人只愿意用纯真善良来形容这个女人，无论她在怎样的年纪。

眼睛是心灵的窗户，总会泄露我们真正的想法。可能就是因为心怀善意，才让奥黛丽的眼神中充满了温暖，让她这样可亲可爱。

亲和力与爱是一样重要的，尤其是在做慈善的过程中，奥黛丽用自己的亲和力和无私的爱，抚慰了许多孩子。

尽管她不是孩子们的亲生母亲，甚至身上那种高贵的气质很容易让

第六章
在慈善的道路上前行

她显得与周围格格不入,但当她和孩子们站在一起时,似乎天然就是其中的一员,他们亲密依偎着,谁也看不出违和。

在世俗的评判里,发展中国家拼命求生的难民孩子,和奥黛丽这样顶尖的气质女星站在一起,总会感觉有一丝不和谐吧?可奥黛丽身上的亲和力完全打破了彼此可能有的隔阂,让一切看起来顺理成章,正该如此。

这种亲和力,能够给孩子们带来精神上的安慰,让他们真正抛却不自在,露出自己童真的一面,这是和善良与爱一样重要的能力。

如果说行动的善意可以为别人带来实质性的帮助,那气质上的亲和力则可以给他们精神上的抚慰。人更喜欢靠近有亲和力的人,正是因为在他们身上感受到了发于外的善意,感受到一种安全感。

这种气质十分重要。

CHAPTER 2

世界知名的摄影师约翰·艾萨克曾与奥黛丽一起前往索马里,他亲眼见证了难以忘怀的一件事。当时奥黛丽总是乘坐儿童基金会的飞机在索马里慰问难民,但她从没有表露过自己的身份,所有人都不知道这是一位享誉世界的大明星。她身材消瘦,但眼神中透露出温柔的坚定与平和。

她穿梭于难民营之中,去亲身体会难民们的生活,思考着如何帮助那里的孩子。在一次访问时,奥黛丽走到发放食物的地方,那里是孩子们排队领取麦片粥的位置,当时的索马里几乎没有足够的食物可吃,饥饿的孩子们只能靠慈善组织的援助,以麦片粥充饥。

队伍里有一个普通的小姑娘,她和周围焦急等待着领取食物的孩子

奥黛丽·赫本传
用灵魂亲吻世界

们似乎没什么不同。每个孩子眼神中都散发着渴望，他们探头探脑，焦躁不安，只希望能快一点儿轮到自己，这样就可以吃一顿饱饭。

然而，这个普通的女孩看到了正在与基金会官员交谈的奥黛丽，她一下子瞪大了眼睛，呆住了。也许是因为奥黛丽身上所散发出来的温柔，让女孩在这一瞬间想起了自己的母亲，她激动地扔下了手中的盘子，甚至连等待许久的麦片粥都顾不得了，向奥黛丽奔去。

她紧紧抱住了奥黛丽。

面对这个突然跑来的孩子，奥黛丽并没有表现出恐慌，她安静又温柔地紧紧回抱住了她，仿佛真的见到了自己孩子一般。

奥黛丽身上的那种亲和力抚慰了这个饱受苦难的女孩，让她能够在此刻，在旁人的怀抱中得到一丝温暖和支持，尽管那并不是她的母亲。

孩子也好，成人也罢，人除了生存的物质需要之外，还有感情上的需要。那些生活在苦难当中的孩子们，除了饱受物质贫乏的困扰之外，精神世界的创伤也需要弥补。他们许多都失去过亲人，也许是在饥饿和疾病当中离去的兄弟姐妹，也许是曾为自己遮风挡雨却在战争中离世的父母，这种精神上、情感上的缺失是许多人忽略了的。

但奥黛丽却从没有忽视。也许正是因为她经历过战争，所以更容易感同身受，更知道孩子们需要什么。当孩子们需要一个怀抱的时候，奥黛丽总是毫不迟疑地张开双手。

她身上的亲和力，在这个特殊的时刻，抚慰了孩子们的情感缺失。

约翰·艾萨克是那个时代顶尖的摄影师之一，他没有错过这个瞬间，但反常的是，他没有选择按下快门记录下这个画面。因为他认为此刻只

第六章 在慈善的道路上前行

属于母亲和孩子，属于一段真挚的感情，为此甚至可以放弃这个拍摄经典照片的机会。

奥黛丽为自己的亲和力感到骄傲，因为这可以让她在联合国儿童基金会中扮演重要的角色——感情上抚慰那些孩子的角色。有些孩子因为长时间的贫病交加、过度饥饿导致了营养不良，挣扎在死亡线上。当医疗也难以挽救他们生命的时候，奥黛丽庆幸自己可以给他们一个拥抱，让他们在离开世界的时候，以平和又满足的方式闭上眼睛，获得一丝安全感。

所以，奥黛丽乐于去拥抱那些孩子们，尽管他们没有干净的衣服、没有健康的身体，她也从不会有一丝迟疑。她毫不怀疑自己的重要性，让那些在困难中挣扎、经历过饥饿和疾病终将死去的孩子，在一个母亲般的怀抱当中离开，总比带着不好的记忆死去要好，虽然她也不是他们的母亲。

这是一种无差别的大爱，更是一个具备亲和力的女人才能够为孩子们带去的温暖。在生与死的界限上，给予一个温暖又善意的拥抱是多么的重要！在这一刻，亲和力的重要性被放大了，人们才会意识到它多么可贵。

CHAPTER 3

奥黛丽的亲和力不仅给予了孩子们，也给予了那些天真可爱的动物。成人的世界是复杂的，而最简单、最诚实的则是孩子与动物，他们

奥黛丽·赫本传
用灵魂亲吻世界

奥黛丽与小鹿

不会说什么违心的话,也不会做自己不想做的事,美就是美,丑就是丑。能够得到孩子和动物的喜爱,可见奥黛丽的气质多么温和,又是多么善良。

奥黛丽十分喜欢小动物,养过许多条狗,甚至还养过一头小鹿。鹿并不是一种容易驯养的动物,但这头小鹿却奇迹般地喜爱亲近奥黛丽。

1959年,奥黛丽在丈夫梅尔执导的电影《绿厦》中扮演角色,她在电影中总是与一头小鹿形影不离。动物训练师建议奥黛丽最好将小鹿带回家去,培养好感情更有利于电影拍摄。

这只小鹿名叫伊比,它似乎第一次见到奥黛丽时就喜欢上了这个女人。当奥黛丽将伊比带回家,女佣惊奇地发现,她们相处得那么融洽,令人简直不敢相信自己的眼睛。

第六章
在慈善的道路上前行

那时小鹿还没有断奶，奥黛丽常常亲自给它喂奶，她们间的感情越来越深。在电影拍摄结束后，奥黛丽与伊比分离了，谁也不知道具体的原因是什么，但她真的伤心了很久。

再次重逢，是在奥黛丽相继经历了坠马、流产的打击后，她卧床休养了许久，情绪和身体都不太好，而丈夫为她重新寻回了伊比，奥黛丽的情绪得到了很大的缓解。

之后，小鹿就留在了奥黛丽身边，在家中跟奥黛丽形影不离，甚至还会跟她外出，她们像朋友一样相处着。

她爱着小动物们，小动物也依赖着她。她爱这世界上一切美好的东西，而美好的东西也会青睐她，因为她是那样温柔可亲。

做你能做的，不问前路

CHAPTER 1

在做一件事之前，我们往往会考虑很多。

是否可行，能做到什么程度，能给自己带来什么后果……我们总是会不自觉地去想。但是很多人都忘了，我们还没有去做，这些都是虚幻的空谈。

我们斤斤计较自己去做的事情能带来多少回报，抑或自己能走到怎样的高度，却忘了，我们还没开始。连尝试都没有做过，又为什么需要想那么多呢？只要还没尝试，成果就是零，高度就是零，这是我们本应该清楚的。

做成一件想做的事，其实很简单——

去行动，不要太过计较将来。

做你能做的，不问前路。

许多大人物在事业开始时，都是迷茫的，他们也不知道未来会走到哪里，但他们知道自己必须去做。奥黛丽也是如此，她在慈善事业上从未计较过前路如何，没想过自己能做出怎样的成果、能帮助多少孩子，因为眼下能帮助一个，她就足够满足了。

如果不开始，那没有孩子能得到帮助。

当我们看到世界的战乱、第三世界国家的贫瘠时，更容易站在更高的角度上夸夸其谈——是政府的维护不力导致了灾难，是暴力武装的常年征战导致了难民，甚至是某些力量在背后的默许与操纵导致和平不能到来……

当我们这样想的时候，就更容易开解自己：这一切都是政府和国家所需要关心的问题，个人是无法改变现状的，所以我们不必为此揪心。

我们把自己放在无可奈何的那个悲悯者的位置上，认为自己做不了什么，既然无法平息战火、重建和平，就不用操心这些了，让政府和军队去操心吧！

但奥黛丽从不这么想。她知道自己无法改变大的环境，政治上的问题不仅是她无力改变的，就连联合国儿童基金会也没有什么用。但她没有因此为自己开脱，她依然在不遗余力地奔走着，因为她还能做自己能做的。

所以，她只去做那些能力范围内的事，能做一件就是一件，至于别

第六章
在慈善的道路上前行

的，她没有考虑那么多。

从这个角度上讲，奥黛丽是一位实干家。她在慈善事业中是从不停止思考的，越是思考，就越觉得自己渺小。但这并没有让她觉得前路漫漫或悲观颓丧，相反，她更加努力。

专注眼前的事情，做好每件当下能做好的事，日积月累，在将来才能产生巨大的化学效应。而实际上也是如此，当奥黛丽利用自己的影响力到处游说时，仅仅因为她的要求和演说，美国政府就给援助基金会增加了六千万的投资，这可以解决许多人的生存问题。

做之前，她也没有想到自己能做到这些。但她没有因为"可能做不到"而退缩，也没有因为人微言轻而放弃，而是不断挣扎努力着。

我们每个人都是小小的火苗，在黑暗中照亮不了太大的空间。我们能做的事情也是有限的，甚至无法为一个人照亮眼前的路。但这不是火苗熄灭的理由，当所有的火苗凑在一起时，天就会被照亮；当一丛火苗坚持着燃尽一生时，也能燎原。

别想那么遥远的"不可能"，做你能做的，你会发现诸多"可能"。

CHAPTER 2

奥黛丽总认为自己去做力所能及的事，是因为一种本能。

她为什么会为战乱中的人奔走，即便她能做到的也很少呢？她说：

"这就像你坐在自家的客厅时，听到街上传来了一声刺耳的恐怖叫声，然后就是汽车巨大的猛烈撞击声音。你的心脏都被震动了，你赶紧从家里冲出来跑到街上，发现是一个孩子被汽车撞了，他倒在血泊里。这时候你会考虑这件事是谁错了吗？你会思考是汽车开太快还是孩子突然冲上马路导致的吗？不会，你应该做的就是抱起孩子，把他送到医院去。"

当面临灾难，人的悲悯让我们无法想那么多，只能尽自己所能地帮助别人。奥黛丽就是如此，当她在索马里看到战火中挣扎着求生的人，看到孩子在她眼前获救或死去，她知道自己需要去做事，哪怕只是拯救一个孩子。

尽管她不能平息战火，不能成为带领所有人奔向新生活的人，但她可以救活一个生命，这也是好的。

做一个带领人们迎接和平的领导者，是英雄；做一个在战火中拯救别人的人，也是英雄。

奥黛丽曾经对政府感到失望，对人类感到失望，但她从没有放弃自己的呐喊，尽管她也说这是"旷野中微弱而无力的嘶喊"，但她热爱慈善事业，因为哪怕有一丝改变后来人的生活，改变以后孩子们的成长环境的可能，她也觉得是有必要的。

倾尽全力，然后不问结果，这是最好的决定。

我们往往与之相反，总是倾尽全力去求一个结果，却在做的时候三心二意、兴致缺缺。我们总想知道自己做的事能带来什么好处，却不用心去做。

若你是学生，就不应该总是想着得到好的成绩，计算着学习哪些内容能够得到几分，却在真正该努力的时候偷懒；若你是职场中人，就错在总是想着升职加薪，或者创业赚钱，却在工作中偷懒、在需要吃苦时退缩。

这样如何得到达你畅想的结果呢？还没有去做，你永远不应该低估自己的能力;做的时候,你永远不应该夸张自己的成果。

如同奥黛丽一样简单,是最好的。做事是一种自然而然的本能,努力是一种习以为常的状态,不需要什么目的,就只是不断前行,这样你才会走到自己所不能想象的高度。

CHAPTER 3

奥黛丽是个谨慎的人,她不仅热衷于专注行动,把精力放在做事上,而不是想那么多,她还对自己尚未做到、不清楚的事充满敬畏和谦逊。

做自己能做的,但不要妄图评价别人做得如何。

比如对政治家或经济学家,奥黛丽始终保持着尊重。尽管她常常觉得是因为政府的不力,导致落后地区战乱不断、人民悲苦,但她从不因此指点或批判哪些官员或领导者。

因为她知道,自己并不清楚对方要做什么,也不知道他们付出了怎样的努力。她更相信这些人是能够解决大问题的,尽管现在还没有成效,但他们才是能给未来掌舵的人。

奥黛丽很清楚,自己办不到这些事,所以她从来不做批判或评价。但她知道自己能做到什么程度,所以,她专注于提升自身的能力,专注于做好自己的分内事。

我们也应该如同奥黛丽一般,谨慎谦逊,又清醒踏实。做好自己能做的事情,不要去评价自己能力之外的事,毕竟,我们并不了解。

而奥黛丽对于"做好一件事"的认识,可能跟许多人不同。大多数人觉得,把能力范围内的事做好就够了,但奥黛丽认为不断成长、不断提升去做事，才是做好。譬如慈善事业，担任亲善大使是对她的一个全新挑战，她把这当成事业来做，当作一门陌生的学科来学习、钻研。她会读许多书籍和材料，思考请教任何不懂的问题，提升自己的职业能力——尽管旁人看来，这只是个挂名的兼职。

她是认真去做事的，这才是奥黛丽心中"力所能及"的意义。

每个能不断前行的人，大抵都是如此。

帮助不是同情，尊重被帮助的人

CHAPTER 1

真正的人道主义，不仅要施以物质上的帮助，更是精神上的抚慰。

奥黛丽就懂得这个道理。

事实上，很多人自以为的善良，其实都会化作利剑扎在那些需要帮助之人的心口上，因为他们不懂得什么是真正的帮助。

真正的帮助并不是同情，更不是施舍，而是一种有尊严的救助。我们在帮助别人时，不应该以恩人的身份自居，更不应该理所应当去揣测他们的需要，尊重对方的选择是最重要的。

帮助是一种平等的行为，有人需要帮忙，你伸出手，仅此而已。不是一种居高临下的施予，更不是一个满足自己虚荣心的途径。

太多人都认为慈善援助就像施舍，提供援助的人理应得到受助人的感恩戴德，却从不考虑受助人的心情，不考虑他们被尊重的需要。这种精神上的伤害完全可以抵消物质上的寥寥帮助，是一种更深层次的伤害。

第六章
在慈善的道路上前行

奥黛丽从不如此。她有给予帮助的热情，但更愿意考虑对方的需要和选择；她虽然是帮助别人的那个，却常常被受助者的精神所感动，真正尊重、敬佩他们。她做到了以公平的心去看待所有人，找到了人道主义的真正意义。

奥黛丽特别尊重孩子们，她对难民孩子的体贴与细心、恰到好处的帮助甚至能令很多父母感到羞愧。这可能源于她儿童时期的创伤，让她意识到孩子们的情绪是非常需要重视的，尤其是那些无依无靠的孩子。

她说："来自成人世界的忽视和羞辱，可以杀死孩子们的信任，以及他们的希望和想象力。"

她从不会忽略孩子的需求，也不会以自认为对他们好的方式对待他们。在那个年代，她已经以尊重成年人的方式去尊重每一个孩子了，不得不说是一种非常超前的教育理念，更是一种有包容性的大爱。

人类往往就有这样的心态，在面对比自己弱小的生物时，即便有善意，也常常以自上而下的方式施予。我们想要保护动物，就把它们圈养在动物园里，以为有吃有住的生活可以抵消它们失去自由的痛苦；我们想要抚育孩子，就以自己想要的方式来教育他，以为让他们变得更优秀他们就会快乐；我们想要孝敬老人，就用自己的理解给予孝顺，却常常忽略了他们真正的声音。

这跟我们带着怜悯和施舍的心态去参加慈善活动，期盼着别人感恩戴德，本质上并没有什么差别，都是在为了满足自己的情绪而做好事。然而实际上，这并不一定是对对方好。

CHAPTER 2

奥黛丽在做慈善时,从不以自己的角度去思考怎样对别人好,而是考虑对方的需求。当她在索马里救助时,在第一个救助营中发现了一个失明的小女孩。奥黛丽被震惊到了,这孩子当时正摸着救助营的篱笆,艰难向前挪动着,身上的那件蓝色衣服已经布满脏污,破破烂烂看不出原本的样子。可能是因为身上有伤,或者太久没有洗澡,她的身边围绕着一大群苍蝇和虫子,飞来飞去。

奥黛丽当时感到十分悲痛,她在这个女孩身上,看到了整个索马里地区孩子们悲惨的生活状态。她想,这个女孩是需要帮助的,她经历了那么多痛苦,一定需要别人的爱护。

于是奥黛丽走上前去,想要安慰她,想要帮助这个小姑娘走到目的地。

可她发现,当感知到自己走上前时,小女孩脸上原本带着的微笑,一下子就消失了,变得面无表情,十分冷漠。也许是在苦难中求生的历程太久了,那漫长的孤独让她习惯了自己一个人走,所以不再接受别人的帮助;也许是女孩过去经历过太多的伤害,所以选择了封闭自己的内心,不再相信陌生人。总之,尽管奥黛丽的帮助能够给她带来一些好处,但她选择了拒绝。

奥黛丽立刻敏锐地发现了这孩子的意图——她不需要自己帮忙。她始终将能够设身处地站在别人的角度思考当作是一种美德,并用尽一生的时间去练习这种能力。所以奥黛丽能够立刻发现对方的需求和想法,就像眼前这个小女孩一样,尽管她并没有表现得很明显。

她试图跟这个女孩交流,试图能够安慰她内心的悲苦,但这个孩子依然没有什么反应。最后,奥黛丽选择了尊重对方,没有强迫这个女孩接受帮助,她便自己一个人慢慢走开了。

善良与热心并不是替别人做选择,而是帮助别人实现选择。尽管对那个女孩而言,也许接受奥黛丽的帮助更有好处,但她不愿意,奥黛丽也没有一厢情愿。

作为一个成年人,作为一个救助人,依然能考虑到孩子和被救助人的心情,去尊重他们的选择,并不因为生命的弱小,而忽略他们真正的声音,这是奥黛丽身上最值得人们学习的品质。

CHAPTER 3

奥黛丽总是很谦逊,对自己未曾有过的经历或自己不懂的职业,报以万分的敬畏,对待难民也是如此。很多人对贫困潦倒、生活在苦难中的人怀有一种不屑,认为不能过好自己的日子,是他们不够努力或能力不足,这就是一种不够尊重、不懂换位思考的表现。

奥黛丽则不同,尽管她是去帮助别人,但她依然乐于尊重,甚至敬佩那些被自己帮助的人。在奥黛丽心里,全世界的人都是平等的,他们都是一样的,即便是生活在苦难中那些需要帮助的人,真正想要的也是能自己站起来的机会,而不是别人的施舍。

她认为所有人都跟自己没什么不同,都想过着平静的日子,都想自己的子女能够拥有安宁、美好的未来,他们没有比任何人差劲。

所以，奥黛丽从不想着怜悯他们，因为他们是一个不需要怜悯的群体，他们身上有一种巨大的力量。

在担任基金会亲善大使之前，奥黛丽并不太了解这个群体。尽管因为工作等原因，或者去度假的时候，她也去过许多地方，但大多数时间都在游乐场、景区或高级宾馆里，她并不知道发展中国家的农村是什么样的，不知道贫民区的人过着怎样的生活。

但她乐于了解。在为基金会工作的几年里，奥黛丽将一半的时间都放在了贫民区里，她尝试着融入其中，去了解那些人心里在想什么或过着怎样的生活，去了解他们真正需要什么。

她发现，这些地方现在虽然落后，却拥有几千年的历史，甚至一度辉煌至极。当地人拥有强大的创造力，能够改变他们的命运，但他们需要机会。她相信，只要有机会，他们就一定能够创造出奇迹，只是没有人支持。

所以，奥黛丽在发达国家演讲的大多数内容，都在强调那些人是多么值得尊重，又多么渴望一个机会，只希望政府能够给他们一个改变人生的契机。

这是一种真正意义上的尊重和帮助，帮助别人实现自己想要的，尊重他们的需要与现状，不因为对方现在的不堪而浅薄定义，也怀有一种真正的人道主义平等看待所有人。

就像奥黛丽说的：

"联合国儿童基金会就像给他们一把铁锹，让他们有可能挖出一眼井水，浇灌他们的未来，而不是用这把铁锹为他们的孩子挖掘坟墓。"

第六章
在慈善的道路上前行

牵挂着孩童，沉睡于安宁

CHAPTER 1

在奥黛丽生命的最后时期，尽管深受疾病的困扰，她依然牵挂着儿童基金会的工作与孩子们。

她也许是带着无尽的遗憾与对这个世界的失望离去的，她还没有看到真正的和平到来，那些孩子还在重复着她苦难的童年，这令奥黛丽不敢放心。

在弥留的最后几天，她几乎一直在沉睡当中，一天只能清醒几分钟。身体应当是痛苦的，医生为她注射了吗啡，因为普通的止痛药可能都无法消减那种痛，只能提前做好准备。

至于药物的副作用，已经不需要再考虑了，因为所有人都知道这可能是最后的时光，她要离开他们了。

奥黛丽对儿子肖恩所说的最后一句话，也并不是关于自己的。当肖恩问她是不是想念外婆的时候，奥黛丽没有说话，只是静静躺着，看着远方。肖恩又问她，有没有什么遗憾的事，奥黛丽则说：

"没有，我没有遗憾。我只是不明白为什么有那么多儿童在受苦。"

之后她就再次睡去了，这是她与肖恩说的最后一句话。

她对于自己的人生已经足够满意，没有什么值得遗憾或痛苦的事情，却在生命的最后，还在牵挂着那些受难的孩子们。

奥黛丽·赫本传
用灵魂亲吻世界

她把慈善事业当作了自己人生的追求与信念，把救助孩子看作了自己的本职使命，所以在人生尽头，她所谈及的不是自己，也不是自己的亲生儿子，而是那些依然被痛苦所困扰的孩子们。

她拥有一副比别人更加敏感的心肠，有着更浓厚的母爱，更有着孩童般的天真和不解——不解这个世界为什么这样残酷，这种残酷又为什么要加诸在孩子的身上。

她就怀抱着这样的大爱离开了，离开了她所热爱的也痛恨过的这个世界，回到天国去了。

天使离开了这个世界，但她的爱一直存在着。奥黛丽的基金会一直运行着，她的儿子们继承了她的事业，继续为全世界的孩子奔走，去帮助他们。这可能，是完成奥黛丽未竟梦想的一种方式。

CHAPTER 2

奥黛丽是因癌症去世的，1992年11月，她在美国西奈山医院进行了腹腔镜检查。检查完没多久，医生就告知奥黛丽，她的腹腔内检查出来癌细胞，并且已经扩散了。

命运并没有特别眷顾这个女人，她一生都坎坷不断。

谁也不知道她什么时候患上了疾病，腹腔的癌细胞很有可能是在阑尾附近长出的，这个人类已经退化的、无用的器官深藏在腹内，很难感知到发生了什么问题。也许正是因为病灶太隐蔽，直到癌症晚期，奥黛丽才在体检中发现了自己的身体问题。

五年前，她就患病了。只是因为奥黛丽本身瘦弱，癌细胞繁殖得也

第六章
在慈善的道路上前行

很缓慢,所以过去未曾发现。

这五年间,她一直奔波在慈善事业的一线,不是在发展中国家,就是在难民营,不是坐在飞机上,就是在演讲筹款的路上。当她行走于战乱之中,为了那些死去的孩子悲哀哭泣时,没有人知道病魔已经在侵蚀她的健康,准备夺走她的生命。

奥黛丽并没有因此而失去希望,她顽强抗争着,尽管治愈的可能性并不高,也依然没有放弃。她决定做手术切除癌变肿瘤,而在这一刻,人们才发现她也是害怕的。

12月1日,奥黛丽的手术时间到来了。她在家人的帮助下穿好衣服,准备出发前往医院。肖恩发现,母亲已经非常消瘦了,衣服仿佛能将她整个人完全包裹住。快要启程时,奥黛丽转身看着肖恩,眼泪无法控制地滑落下来,用力抱住自己的儿子哭了。

她呢喃着:"肖恩,我很害怕。"这是奥黛丽第一次在儿子面前展露出恐惧,过去她总是那个无所不能,又令人觉得值得依靠的母亲,在谈起死亡的时候,也非常坦然从容。但此刻,她还是产生了小小的变化,难免恐惧紧张起来。

所有人都盼着能有一个好消息,可到达医院之后,手术却没能成功。医生发现癌细胞繁殖的速度太快了,已经没有办法进行手术,这也意味着奥黛丽没有多少时间了。

这真是一个令人崩溃的消息。当所有人消化完痛苦,将这个消息诚实地告诉奥黛丽时,她已经不再像当初那样恐惧,而是平静地说:"有点让人失望。"

肖恩一直觉得，那一天其实就是母亲去世的日子。从那一天开始，奥黛丽每天都生活在等候死亡的过程中。

深爱的人即将离去，令所有的人都感觉悲痛不已，但这并不意味着，奥黛丽度过的余下两个月是压抑痛苦的。与之相反，正是因为她的时间不多了，所有人也就不再顾忌什么或等待什么，更乐于将爱表达出来，倾尽全力去倾诉自己的爱意。

这给了奥黛丽最好的礼物。等肖恩问她是否害怕的时候，奥黛丽是幸福和满足的，她说："我真的很开心，因为这次我确信，确信你们是爱我的。"

CHAPTER 3

奥黛丽一生都在给予别人爱，最大的原因是希望别人不会像自己一样缺乏爱。这其实也表露了奥黛丽内心真正的渴望——渴望别人爱自己。她有多么努力去爱护别人，去爱护那些孩子们，就意味着她有多么渴望别人给予自己爱。

而在生命的尽头，她感受到了，她终于找到了自己一生都在追求的安全感，找到了一生都需要的那种被爱的感觉。

当你想要去表达爱意的时候，不要迟疑，尽早去做。没有人经得起等待，早一天感受真正的爱，就早一天感受开心与快乐。奥黛丽早就明白了这个道理，所以乐于向别人去倾诉自己的爱意，也希望我们能如同她一般。

奥黛丽离开了，她把爱留给了自己的亲人与朋友，留给了自己所

第七章
活成赫本优雅的模样

热爱的这个世界,留给了她牵挂的孩子们。这就像她一直所坚信的那样——只有爱能够治愈、修理和改进世界上一切的不美好,只有爱能让世界变得更完美。

尽管在美国治疗时,她表达过一丝内心的恐慌,但在生命的最后几周,她留给旁人的是平静。她乐于去谈论那些最简单的事情,以举重若轻的方式让亲人们感受到她的满足与快乐。

肖恩永远不会忘记一件小事,他与母亲奥黛丽一起在花园中散步,园丁走过来对奥黛丽说:"等你身体好了,可要来帮我整理花园,咱们来修剪树枝,再种上一点儿新的花草。"

他们虽然都知道奥黛丽没有时间了,但还是用乐观平静的方式来对待她,就像以往任何时候一样。而奥黛丽则平和微笑着说:"我会帮助你的……但可能不会像以前那样了。"

这只是一个无比简单的瞬间,却一直停留在肖恩的脑海里,直到许多年之后。也许正是因为这件事发生时,天气那么好,气氛那么好,奥黛丽的情绪也那么好。

她没有歇斯底里,没有崩溃不安,选择了从容离开这个世界。

从此,一个天使沉睡在花园里,回归到天国,拥抱永恒。

第七章　活成赫本优雅的模样

时间检验的美丽秘诀

CHAPTER 1

我们必须接受，美是多样化的。

女人如同三月里绽放的桃花，灿烂天真，柔软温柔，是美的；女人又如同九月的枫叶飒飒，火红热烈，多情动人，是美的；女人还如同初冬的一泓湖水，静默不言包容万物，也可以是美的。

美是多样的，但却不一定都能经得起时间检验。

"最是人间留不住，朱颜辞镜花辞树。"美丽的容颜就如同娇嫩的鲜花，也像难得一见的满月，是无法永远保持的。因外貌而美丽，也注定将在多数时间里为了外貌而困扰，谁也不能在时间的收割下永远年轻漂亮。

这种美往往很难经过时间的检验。

当年轻的奥黛丽在舞台上崭露头角时，尽管她并不如同期那些丰满的女明星一样性感，但也凭借着自己独特的美吸引了众人——尽管许多人只知道她吸引人，却说不上来她到底哪里那么有魅力。

奥黛丽·赫本传
　　用灵魂亲吻世界

　　那时，相信也有许多人曾暗自担忧过，她的美是否能经得起时间检验？悲观主义者总是能想到最糟糕的状况，哪怕看到的是绝美的少女，也得为她可能老去的事实流下几滴眼泪。

　　而奥黛丽经过了时间的验证，用自己的方式活成了一个不朽的传奇。年轻时的她是天真活泼的公主，是不谙世事的精灵，而年老时，她的身姿依旧挺拔，笑容依旧温暖，眼神里的纯净保持了一辈子，优雅美丽的姿态在岁月中酝酿得越来越醇熟，丝毫没有消减。

　　她不是个符合大众传统认识的美人，她的出现让人们意识到美的另一种形式——优雅。她也用一生证明，这种优雅之美不仅经得起品味，更经得起时间的检验。

　　奥黛丽一直非常喜欢美国作家山姆·莱文森写的一首诗，名叫《时间检验的美丽秘诀》，揭露了一个女人可以从容美丽半个世纪、永远影响后来人的秘密：

　　　　魅力的双唇，在于亲切友善的语言。
　　　　可爱的双眼，要善于看到别人的优点。
　　　　苗条的身材，要肯将食物与饥饿的人分享。
　　　　美丽的秀发，因为每天有孩子的手指穿过它。
　　　　优雅的姿态，来源与知识同行。

　　言语中透露善良，永远看到旁人的长处与好的方面，投身于慈善事业帮助别人，为儿童事业鞠躬尽瘁，这就是奥黛丽·赫本的一生。

第七章
活成赫本优雅的模样

活成这样的女人，才是一个真正完整的、可称为"美"的女人。若说相由心生，那么奥黛丽的优雅与高贵，便是从骨子里透露出来的。因为灵魂优雅，才有外表美丽。

CHAPTER 2

毫无疑问，奥黛丽·赫本是美丽的，但她真的美到令人狂热追逐的程度了吗？

严格来说，并不是的。连奥黛丽本人也总觉得自己的外貌差强人意，她不喜欢棱角分明的脸颊，觉得太方了；鼻子也尖锐高挺，个头又高挑，抬头时总显得鼻孔很明显；她脑门上方的头发稀薄，额头太高，所以每次都要精心设计发型；她的眉毛十分浓密，显得特别突出，总是会遮掩她明亮的眼睛；她更不满意自己的平胸，瘦骨嶙峋的身材……

她不是那种看上去就完美的女孩，与之相反，一眼看去，她总是有些难以忽视的瑕疵，但你若是一直注视着她，就会觉得越看越漂亮。

这是因为她有自己独特的气质和魅力。

即便你不了解奥黛丽的个性，不被这个女孩行为举止中的美好所打动，仅仅是看着她的照片、感受她走过身边的瞬间，你也会深深被她吸引。所以，她是舞台上绝对的焦点，初出茅庐时，即便本色出演毫无技巧，却也能凭借魅力吸引观众目光。

这种魅力，就是发散于外的优雅和贵气。

她喜欢微微低着头，却挺直自己的脖颈和腰背，这是练习舞蹈留下的好姿态，让人觉得就像在水中微微低首的天鹅。一直到奥黛丽晚年，

奥黛丽·赫本传
用灵魂亲吻世界

甚至是她身患重病出现在人们面前时,她也没有改变过自己的习惯,永远挺拔如松,在女性的柔美中展露一丝飒然的利落与坚强。

她脸上总是带着微笑,微笑时的奥黛丽就像天使一样美丽。即便是在坠马后,她躺在担架上休息,面对前来打扰自己的狗仔,奥黛丽也没有表现得痛苦不堪或懊恼生气,依然在微笑着。

微笑,是奥黛丽的利器,让她在这个复杂又残酷的社会中,依然能拥有如此多真心的朋友与爱人。真心的善意,化作微笑,最容易感染他人,这是奥黛丽教会我们的事情。

微笑虽然只是简单扯一扯嘴角,却有着非凡的意义和作用。当一个人被负面情绪所影响时,你冲他微笑,他也不会向你发泄脾气,这就避免了很多不必要的摩擦。而微笑对人也能让我们感受到快乐,有利于自己和他人交往。

微笑的面容能够向别人传递平和的心境,展现自身乐观的态度和愉悦的心情,这样的人才能够成为群体当中的发光点,不自觉地吸引别人,拥有难以抗拒的魅力。

微笑也是传递友善和真诚的最直观方式。一个对你微笑的人当然不一定怀有善心,但你看到他人一脸严肃地看着自己时,却一定不想去接触。

人们能看到奥黛丽温柔又美好的内心,当然不是拥有超能力,而是看她说了什么、做了什么,但在那之前,人们看到的是她用微笑发射善意的信号,让怀着敌意的人也能卸下心防。

第七章
活成赫本优雅的模样

CHAPTER 3

奥黛丽的美经得起时间检验，是因为剥离了优雅的表面，她的内心依旧纯然动人，如同美酒，越品滋味越美，让人欲罢不能。

年少时，奥黛丽凭借着自己的独立和自尊、坚强获得人们的尊重。这个表面不谙世事的女孩，其实拥有的是历经风雨的从容。她从战争中走出来，经历过无数磨难，却从不言磨难，从不说自己如何悲苦，唯有在帮助别人的时候才会提及自己的遭遇，这就是内心的高贵。

她因为磨难而成长，却从不想着利用它博取他人的关注，这是一个自尊自强的灵魂才会有的选择。她柔弱的双肩扛过许多风雨，却咬牙前行从不认输，这是年少的奥黛丽如同小兽一般的顽强。

年老时，奥黛丽凭借自己的大爱与大善获得人们的尊重。幼年时历经战火，在动荡中飘零不安、忍饥挨饿，虽然夺走了她的健康，却没有击垮她的坚强和善良，反而让她更有感同身受之心，以一种旁人难以体会的紧迫感尽可能帮助别人。她放弃了自己身上的光环，放弃了原本舒适的生活环境，几乎走遍了整个非洲的贫困地区……

她没有说过任何话，却用行动无言证明，什么才是经得起时间考验的优雅。

那就是在时光中，在人生的每个阶段里，都绽放不一样的光芒。尽管她的容颜老去，但她存在的每一天，人们都不可否认地仰望着她，感叹她的美好，这就是另一重更高境界的美丽。

能够经受时间洗礼的美，一定是能在时光流逝中，剥脱了外表的壳却依然充满魅力的美。少女的美可以是"空心"的，哪怕是草包美人，一样可以得到拥戴。但时间的残酷在于，它在不断削减美人外表上的优势，每个人在时间面前都是平等的，都需不断前行积累，用一颗千锤百炼的真心，一个充满智慧的灵魂，来迎接时光尽头的考验。

那时候的美丽，才是真正的美丽。

锻炼可以使身体健康，读书能充实灵魂，敬业工作能使你拥有事业，关心弱小的群体能令你感染善心，看到旁人的好处、以真诚热忱待人则能让你收获朋友，关怀家人与孩子能令你感受温暖……这都是在充实我们的灵魂。

前半生的外貌是父母给予的，后半生的形象却需要自己修炼。一个人的精神状态、言谈举止、所思所想，都能体现在外表上，此时的美才是真正的美。

愿你我都能如同奥黛丽一般，拥抱永恒不朽的美好。

做珍珠一样的女人

CHAPTER 1

优雅的女人就如同珍珠一样，看上去不如钻石那样耀眼夺目，但温润的光芒令人倾心，越审越美。

珍珠的光是含蓄温润的，颜色是柔和动人的，美得很有分寸。奥黛丽就是如同珍珠一样的美人，并非艳光四射，却令人回味无穷。

她像珍珠一样，懂得收敛光芒，既不抢夺旁人的风采，又能美得恰

第七章
活成赫本优雅的模样

到好处,以一种简单的方式保持隽永的美好。

这是贵族的积累与底蕴。年少时,奥黛丽的母亲常常教育她,不要想着吸引旁人的注意力,总是出风头是一种不礼貌的行为。这导致奥黛丽一生都具备谦逊、谨慎的美德,她从不想着如何炫耀自己,即便是在荣耀加身的关头,站在舞台中央,她也总想着将焦点放在别人身上。

她的谦逊与谨慎不因自己的地位而改变,一生都如此,无论走到何种高度。即便功成名就,她也从未考虑过写一本自传,讲故事说给旁人。一方面,是奥黛丽珍惜自己的生活,不愿意将私事暴露出去;另一方面,也是因为她的低调。

她的生活是那么不平凡,可在奥黛丽口中却乏味得令人惊讶,这是因为她总是下意识地不愿意出风头,所以那些人生中辉煌传奇的瞬间,奥黛丽总是避而不谈,让自己的生活看起来就是那样简单、平淡,不足为外人道。

至于那些旁人眼中精彩的、跌宕起伏的故事,她没有说出来炫耀的打算。可即便如此,奥黛丽"简单"的生活依旧令人心驰神往,可见她的一生多么璀璨。

奥黛丽的低调与不夸耀,就是一种善良和高贵。许多人只是拥有了小小的成果,便忍不住想让全世界都知道,更热衷于在尚不如自己的人面前炫耀,以获取"人无我有"的满足感,殊不知对他人而言是一种多么恶劣的行为。既显得素质低下,炫耀的嘴脸又令人可鄙,再漂亮的脸蛋也显得轻浮了。

就如同闪耀光芒的人造宝石,那一瞬间刺眼的光,令人意识到它的廉价与虚伪。

而奥黛丽的低调则不同，如同珍珠一样，虽然不扎人眼，却很戳人心，让人越了解越知其味。她拥有底蕴与实力，即便低调，亦不会默默无闻。

这才是一个美人真正能傲立世间的姿态。

CHAPTER 2

如珍珠一样的女人，也是看似朴素，实则高贵的。她们不必有太多装饰，一身气质，举手投足中的风采，一颦一笑里的魅力，就是最好的装饰。

奥黛丽很爱珍珠，相比之下，她厌倦那些繁复的首饰，不乐于像其他的女明星一样，打扮得如同一个装饰隆重的圣诞树。不论是在电影里，还是在颁奖礼上，再隆重的场合，奥黛丽也坚持着自己简约的审美。

她从来不喜欢繁复的首饰，也不爱奢华的生活方式，极简、随性、舒适，是奥黛丽的气质，也是奥黛丽的生活法则。

奥黛丽与纪梵希能够一拍即合，拥有一段令人艳羡、互相成就的友谊，就在于奥黛丽懂得欣赏纪梵希的审美，纪梵希赞成奥黛丽不喜繁复装饰、以极简为美的追求，互相欣赏，才创造了一个时代。

在《蒂凡尼的早餐》里，奥黛丽穿着那一袭简单却剪裁独到的小黑裙，戴着三层珍珠的短项链，摇曳地挥舞着手中的香烟，这套造型已经被奉为无可取代的经典，被后来无数的女孩模仿。

只是，谁又能超越奥黛丽·赫本呢？

第七章
活成赫本优雅的模样

她的气质就如同自己所佩戴的珍珠项链一般，不需要后天的精心雕琢打磨，浑然天成便是一股娇憨动人，仿佛坠入人间的天使一样有一股纯然的气质，这便是清水芙蓉，不须雕饰的美。所以，穿着简单的小黑裙，佩戴并不华丽逼人的珍珠首饰，也只有奥黛丽能恰如其分地演绎出那份优雅。

因为她的气质就是如此，如同珍珠一样，温润简单，富有灵性。

女孩就应当如同奥黛丽一样，以极富有魅力的个人气质来装饰自己，你就拥有了最昂贵的珠宝。从此，一切璀璨华丽的珠宝都变成了可有可无的装饰品，甚至配不上你自身的高级感，那才是最美的状态。

真正的美丽应该就是如此，是我们自有的光芒在吸引旁人，而不是身上昂贵的礼服，手里限量的包包或是钻石黄金的首饰，应该是抛却一切物质修饰之后，那个最天然的你。

这才是久经考验的美。

CHAPTER 3

如珍珠一样的女孩不张扬，但是相处起来却很舒服。

奥黛丽是典型的不张扬、言语谨慎的性格，她从不夸夸其谈，不做自己无法保证的承诺，也不说夸张的话，更不会诋毁别人。在大多数时候，她宁愿选择沉默的美德，也不愿意贸然开口。

这是维多利亚时代的教育风格，在奥黛丽身上所留下的影响——谦卑，谨慎，严肃，务实。

谈论旁人时，奥黛丽的道德不允许她私下议论什么，也不会说别人的坏话，这是她无法想象的。她总尽可能地发现旁人的好处，为他们偶尔的失误或冒犯开脱，而不是对他们的问题耿耿于怀。

当奥黛丽因为公关罗杰斯与梅尔诋毁了好友纪梵希，不得已要解雇罗杰斯时，她没有理直气壮地指责对方，尽管是对方的错误，她还是表达了自己痛苦和抱歉。她不断说着"对不起"，但还是坚持了自己的原则，她既是果断的，也是不安的，总是喜欢把责任推到自己身上，而不愿意谴责别人。

对待自己的事，奥黛丽也秉持着"分享快乐，回避痛苦"的方式，只愿意跟别人分享那些生活中的快乐，给旁人带去好消息，而不乐意谈论自己生活的苦恼，给关心自己的人增添麻烦。即便是她晚年患病时也是如此，她不喜欢向家人抱怨生活，抱怨自己的病痛，也不乐于让孩子们为自己的身体牵肠挂肚，这会让她感觉很抱歉。

她就是这样，不乐于张扬，不喜欢倾诉负面的消息。与之相比，奥黛丽更乐于、善于倾听。

她有一双漂亮的眼睛，每当别人说话时，她总会专注地看着对方，全神贯注到让你产生错觉，以为她的世界只有你自己。这种专注和尊重，也是奥黛丽有别于旁人的一种礼貌。

如同珍珠一般低调，也如同珍珠一般温润，可以包容别人的倾诉，不张扬却不会失去存在感。若你能学会奥黛丽在言语上的习惯，也能修炼一颗如同珍珠的心。

懂得不张扬自己，学会倾听，也是很重要的。

眼睛是心灵的窗户，靠近对方心灵最快速、直接的渠道就是与对方实现眼神交汇。尤其是在交谈时，看着对方的眼睛可以表现出你的专注与尊重，更能展现自己的自信与从容。一个人如果连直视对方眼睛的勇气都没有，就显得自卑怯懦、举止失当，十足的"小家子气"。

倾听，不只是动动耳朵就可以，几句恰到好处的反馈话语，一个鼓励对方的友善动作，都能让倾诉者感到熨帖，从而拉近彼此之间的关系。一个受欢迎的女人必然是欢迎别人、对别人友善的，一味对别人高冷，缺乏对其他人的关注和尊重，无法获得别人的热情。要记得，在成年人的交际环境里，没有人喜欢永远一头热。所以，如何传达自己的友善、尊重，将成为影响我们形象的关键因素，倾听就是非常好的一种选择。

懂得倾听的人总是更具智慧，奥黛丽就是如此。

烟火气里的仪式感

CHAPTER 1

优雅的女人并不意味着高在云端，不食人间烟火，而是在红尘俗世之中，也能保持着一股从容悠闲之态，即便是柴米油盐的琐碎，也能打理得井井有条。

这样的女人才是真正意义上的优雅。

奥黛丽就是如此。尽管出现在荧幕上的她，不是如公主一般高贵，就是如天使般遥远，仿佛吸风饮露、不食五谷长大的仙女，让人很难将她与烟火气十足的生活联系起来，但实际上，奥黛丽不仅向往柴米油盐的家庭生活，也享受这样的生活。

她尤其喜欢做饭。厨房里的事有什么令人感兴趣的呢？对于那些备受家务烦恼的主妇们来说，放弃光鲜亮丽的明星生活，穿着围裙穿梭于厨房和客厅之间，实在是最令人难以置信的愚蠢选择。但奥黛丽并不这么想，除了她真正热爱家庭生活之外，也因为她擅长享受平凡小事当中的美好。

把厨房里烟火气十足的事，做出一种仪式感，你就会觉得这也是一件大事，而且是一件足以乐在其中的事。

奥黛丽的孩子们永远记得那些母亲在厨房里忙碌的日子，踏踏实实的幸福感伴随着食物的香气，永远留存在他们的记忆中。奥黛丽很喜欢这样的生活，厨房中每件琐碎的小事都不会被她忽视，她会费尽心思去准备。只要是奥黛丽能做的，她总乐于将全副身心都投入进去，演绎一个角色也好，制作一顿家人喜欢的丰盛晚餐也罢，这在她心里一样都是重要的。

她会在做这些事的过程中，感受到一种极大的满足和幸福感。

这大概就是仪式感吧！有时生活的某个瞬间之所以特别重要，并非因为它有多么不同，只是我们投入了极大的期待，做了许多准备以迎接这个瞬间，一切都充满仪式感，也就让这一刻变得郑重。

而生活之所以平凡，也是因为我们将太多的瞬间当作枯燥又无味的时光虚度，以敷衍的态度草草了事，自然享受不到其中乐趣。

但我们若能如奥黛丽一样，用郑重的态度对待生活，以期待的心情开启每一天，开启每一个瞬间，让每一件看似平凡的小事都充满仪式感，日子也会充满色彩。

第七章
活成赫本优雅的模样

这样的人才是会生活的,而会生活的人一定活得优雅从容。

她们会把家收拾得干净整齐,让人身处其中时,就觉得心情开阔敞亮;她们会在下班时买束鲜花慰劳自己,每天不一样的色彩,记录着每个日子的脚步;她们会以一杯咖啡开启每一天,用高效又清晰的方式整理工作,永远清爽干练……

这些人的共同之处在于,都擅长给平凡的每一天赋予仪式感,享受最细微之处的快乐。

CHAPTER 2

奥黛丽的厨艺很好,更重要的是她能够用心做菜,即便是简单的食物搭配,她也有自己独到的见解。

譬如奥黛丽认为,食物的美味与否固然重要,但颜色的搭配一样能起不可忽视的作用。

这大概就是中国美食所追求的"色香味俱全",缺了哪一个都失了灵魂。只是又有多少人能在意这些呢?大多数时候,我们只是匆匆填饱肚子,最多考虑一下如何提升味道,谁又会把做饭真正当作值得钻研并享受其中的事呢?

这让我们在做饭时缺乏了仪式感,即便在创造着美味的食物,内心也是充满不耐烦的。

但奥黛丽并不,她享受着这个过程,且有自己的想法:

"如果整个盘子里都是白色的食物,那吃起来的感觉一定很无趣。不仅如此,这样的搭配对身体也不一定有好处。"

| 奥黛丽·赫本传
　用灵魂亲吻世界

　　尽管奥黛丽并不知道多少现代的营养学道理，但她对食物的钻研和认识倒是颇有道理。巧妙搭配至少能让食物变得更有观赏性，让吃饭也变成了一件充满期待、值得享受的事，而这在某种意义上也保障了营养均衡。

　　享受生活的每一个瞬间才是人生的主旨，我们不应该粗糙对待它，哪怕眼前的事看起来那么渺小，比如搭配一下今天的午餐，但我相信，稍稍用心，你就会感觉到一种快乐。

　　奥黛丽坚持这样做着，自创了许多健康食谱，不仅口味独特，颜色也非常丰富，果然得到了孩子和朋友的一致赞赏。

　　这其中，要说奥黛丽最喜欢吃什么，那一定是番茄汁意大利面。她几乎每天都会吃意大利面，当然，会有不同的做法。尽管番茄汁口味的意面大多都味道相似，但让奥黛丽这样的忠实粉丝来品尝，还是会有各种微妙的不同。她不仅味觉十分灵敏，也乐于利用这一点改良自己喜欢的口味。

　　奥黛丽最喜欢吃博洛尼亚番茄酱，但你若品尝过她做的，就会发现风格与市场上的售卖的大有不同——她进行了一番自己的改良。

　　炖一罐番茄汁，浇在意面上，番茄意大利面的做法可以很简单。但如果你真的用心去做，自然有许多细节需要注意。更不要说像奥黛丽这样，连番茄汁的口味都要细细改良、从头至尾亲手制作的了。

　　她真的乐于享受烹饪食物的快乐，并且给每一道菜赋予了名为"奥黛丽"的特色。

　　这大概就是在家庭生活中，她始终不觉得无聊，每天都忙碌又充实，

第七章
活成赫本优雅的模样

快乐无比的原因。

连意大利面的调味品都是奥黛丽亲手制作的,家人称其为"奥黛丽香蒜沙司"。这种沙司的含水量更多,口感比市面上的也更加清爽——尽管这种不同可能是微妙的。

烹饪给奥黛丽带来的快乐不只这些。改良做法让她享受到更合口味的美食,做出成功的菜肴让她体会到无上的成就感,与朋友互相分享做饭的诀窍,让她们的感情更加深刻。奥黛丽喜欢将自己的烹饪秘诀告诉朋友,比如康妮,她们总是凑在一起讨论这些,分享生活中的小事也就是分享快乐。

生活的快乐就是这样简单,去发掘,去享受,去分享,去交流,让每一个瞬间都充满仪式感,让每一份快乐都可以在交流中被放大。再微小的快乐也是值得你驻足后细细品味的,人不能失去让自己开心的能力。

CHAPTER 3

奥黛丽在吃上有自己的喜好,而且像个孩子一般坚持了许多年,比如她最爱的番茄汁意大利面,又或者她最爱的甜品。

这并不意味着奥黛丽不爱健康,实际上她从来不吃快餐食品,也很少吃肉。只是,甜食能让人感觉到快乐,奥黛丽从小就很喜欢,一生都不曾改变这个习惯。

她乐于去享受甜品,越甜越好,这能让她在忙碌又焦虑的生活中得到安宁快乐。

人天生具备让自己快乐的能力,开心起来其实很简单。忙碌到崩溃的时候，吃上一口喜欢的蛋糕，也可以让在精神荒漠中挣扎的你得到一丝甘甜。只是，有的人总将心思放在那些令自己烦恼的事上，只记得崩溃的情绪，却忘记了喜欢的滋味，所以他们不容易感到满足和快乐。有些人则擅长体会积极的情绪，去享受当下的放松，忘却烦忧。

奥黛丽并不是一个特别擅长舒缓情绪的人，但她并没有忽视生活中的快乐，而是总给自己创造愉快的瞬间。在忙碌的间隙，她喜欢吃冰激凌，最好是经典的香草口味，上面浇上浓浓的焦糖，在它们处于半凝固状态时一口咬下去——甜丝丝的，又有一股沁人心脾的清爽。

这在片场并不是件容易事，奥黛丽很难睡好觉，长期如此让她养成了睡午觉的习惯。每次午睡醒来之后，她总要吃上一整块巧克力——就像小时候那样，而且是整整一大块。

她毫不忌讳自己的这个喜好，因为她始终相信巧克力是可以令人快乐的，可以忘却任何烦恼和忧郁。

她始终积极地去追逐和捕捉那些生活中的快乐，放大生命中每个值得铭记的瞬间，而不是忽视那些细微的美好。如此一来，她才能活得如此丰富，活得如此从容优雅。

也才能在即将离开人世时，坦然对自己最亲密的人说——"我没有遗憾"。

不要令自己的人生留下遗憾，去享受生活吧，去做自己想做的、喜欢的事情，感受每一个细节，你会快乐。

永远快乐。

第七章
活成赫本优雅的模样

哪有天生完美，不过永远自律

CHAPTER 1

有人曾说，不要歧视只是长相美艳的"花瓶"，因为她为了保持身材和容貌所付出的努力，也足以令你感到汗颜。

在我们不知道的地方，有许多人都在挥洒着汗水，时刻绷紧了弦，为了自己的目标努力着。这其中也许有千万种道路可以让我们实现自我价值，但你会发现，走到最终的人都有一个共同点——高度自律。

做一个自律的人并不容易，但只有高度自律，才能高度自由。

奥黛丽的自律也是显而易见的，任何一个像她这样，活得充实又精致，无论家庭还是事业都能兼顾的女人，都不会自由散漫。精致与优雅是在高度自律的基础上才能建立的，懒惰会摧毁精致，懈怠会让人丧失优雅。

外表也好，内在也罢，要提升自己都需要自律，这是一种生活态度。

常常有些人羡慕明星的生活，猜测他们有多么轻松、多么自由，每天只要负责"美"，自然会有人包办一切。若是你因为懒惰和向往轻松才羡慕明星的话，大可不必了，因为一个活得如此精致、在媒体面前毫无死角的明星，背后一定过着自律的人生。

长期的自律，可不是一般人能做到的，他们所付出的未必比你少。你所向往的精致生活，不过是因为你不够自律，所以才不能做到。

奥黛丽就是如此，她一生都坚持严谨的生活作息，保持健康，才能在工作中始终精力充沛。即便是长期远离影坛的那段时间，奥黛丽也没有过度享受她的自由，依旧保持着良好的生活状态。

　　她在环境优雅的瑞士乡村居住，每天早睡早起，任何意外都未曾打乱她的步调。在孩子们眼里，奥黛丽一生的状态都是规律的，她最期望的莫过于每天按时按点起床，吃饭后散步，晚上准时就寝。也许正是因为太过规律，所以在旁人眼里，奥黛丽的生活有点太过无趣平淡了，甚至贫乏得让人难以想象这是一个世界级女星的真正生活。但奥黛丽从来都没有感觉失望，这种平静与淡然，就是她追求一生的美好。

　　在淡然从容中隐藏着的，就是奥黛丽数十年如一日的自律。如果她冒出一丝丝懈怠，或但凡有一点儿懒惰，都可能打乱自己的步调，导致作息混乱。但她从未如此，每个清晨她都不想缺席，每个日落她都有感受，她一直没有放松生活的那根"弦"。

　　自律的生活也许看起来一板一眼，缺乏挑战和惊喜，但坚持下来，就是一条通往理想最有成效的路，让你实现梦想生活，去拥抱自由的路。

CHAPTER 2

　　自律能为我们带来许多，就如同它为奥黛丽带来了事业上的成功。

　　奥黛丽在拍摄电影时常常出现这样的情况——一个镜头拍过了，也许导演都已经觉得满意，但奥黛丽却觉得依然有瑕疵，主动要求重拍。

　　这也是后来奥黛丽为什么逐渐淡出影坛的原因之一，当导演们为了快节奏的电影市场而妥协，以更低标准来要求演员，只为了赶工拍出成

第七章
活成赫本优雅的模样

片的时候，奥黛丽无法满足于这样的工作方式，更为了自己的镜头拍摄得不够完美而惴惴不安，加上家庭的需要，她才会逐渐减少工作。在拍摄电影《谜中谜》时，导演格兰特对一个镜头要求很高，拍摄了许多条，都选不出最满意的那个。最终格兰特总算在其中挑到了自己想要的，大家都觉得长舒一口气，可没想到奥黛丽的要求比导演更高。即便导演可能满意，如果奥黛丽觉得表现不好，也依然会要求重拍，直到拍出所有人都感觉完美的镜头。

这是一种对待工作的细致和严格，也是奥黛丽对于自己工作的自律。虽然没有人以这样的标准来要求她，但她有自我要求和自我管理，这才是奥黛丽能将工作做得比别人更好的原因。

遵循别人的要求来做事，只是为旁人打工；遵循自己的要求，就是自律，这才是为了自己的生活而奋斗。为旁人打工的人未必有理想与目标，但为自己奋斗的人一定能够迎来事业上的新高度。

自律，远胜于他律。

自律对奥黛丽健康的影响也很大。众所周知，童年的经历让奥黛丽的身体变得很差，但她却能在后来坚持高强度的工作，就是因为在饮食上十分自律，才能够时刻保持体力。

奥黛丽并非不懂得享受美食，相反，她不仅是一位好食客，也是一位厨房的熟手，既会吃又会做。但这并不意味着奥黛丽就在美食上毫无节制，实际上不管是再美味的食物，只要吃了一份，她就绝不碰第二份，这是一种节制。

奥黛丽很喜欢甜食，但她并不会频繁吃冰激凌，也不吃油炸的食品或汽水。尽管那时，营养学的观念还没有在餐桌上流行起来，但奥黛丽有自己的一套健康饮食观念，而最重要的是，她足够自律，且能够长期坚持。

CHAPTER 3

　　自律的生活也许看起来有些寡淡，就如同奥黛丽自己所言，她常常觉得自己的生活平凡乏味，没什么可说的。尽管这很大程度上是谦虚，但我相信跟其他的明星比起来，奥黛丽的生活的确是过于朴素又缺乏惊喜的，因为每一天每一刻要做什么，她早已安排得井井有条，甚少违背。

　　这样的生活或许真的缺乏些刺激，但不得不说，它是健康的，是有益于我们成长的，是能让一个人实现目标和理想的最佳选择。

　　越是年长，我就越觉出自律的重要性。追逐享乐的欲望也许没有错，但是在欲望面前依旧能保持自律，压抑自己短期的欲求去追索更长远目标的人，才是赢家。

　　所以你会发现，那么多人在离开无所畏惧的青春期之后，开始逐渐变成无趣的大人。他们不再喜欢追求一时的欲望，而是选择了你曾嗤之以鼻的按部就班。也许他们的灵魂还是很有趣，但这样的有趣不再用最出乎意料的方式展现出来，而是显得更加理所当然。

　　这在很多人眼里，"有趣"就变得大打折扣。

　　然而如果要牺牲自律去换取这样的趣味，我宁愿选择自律。因为短期的压抑，是为了完成更长远的梦想。

　　我们当然可以过着醉生梦死的日子，直到中午才从床上爬起来，享受热闹，直到后半夜才睡，但这也意味着我们与一个美好的上午失之交臂，也将逐渐摧毁自己的精神和身体。当你发现自己时刻都感到疲惫时，就是惩罚降临的结果——你开始失去健康。

我们也可以过盲目的生活，没有目标，也没有计划，自然也谈不上什么自我管理和自我约束，每天得过且过，能偷懒的时候绝不多做一件事。这固然会让许多人觉得满足，但很快他们会发现，自己被生活抛弃了，永远错失了更好的机会，一生与理想渐行渐远。

拥抱自律，只是需要约束自己，失去自律却意味着我们可能失去明天。

女人的美丽跟着年龄增长

CHAPTER 1

时间是不可逆的，我们所经历的岁月不仅会铭刻在心上，也会铭刻在身体上。

少年时，这种时光流逝是令人欣喜的，因为这意味着我们在长大，在逐渐掌控自己的人生。长到二十五六岁，仿佛就到了普遍意义上最好的年纪，之后的每一天都过得胆战心惊。

"好像浪费了一天，就是罪大恶极。"吃饭的时候，朋友顶着一张毫无皱纹、青春逼人的脸跟我说，"你看，我都长细纹了，老了啊！"

对变老的恐惧，仿佛全都灌注在了发现细纹的这一瞬间。看到它似乎就想到自己衰老时的样子，又立刻想到自己走入坟墓的那一刻，然后不免心焦起来。

这样的情绪,仿佛已经成为一种流行病。

然而你本不必担心老去的,只要每一天都过得足够精彩,逝去的每一分钟就都会成为你优雅一生的证据,被写入无形的人生传记里。老去也可以是一种资本,给你时光酿造的成熟与智慧、魅力与从容,让你越来越美。

就像奥黛丽所说:

"女人的美丽是跟着年龄增长的。"

奥黛丽绝不是凭空这样说,任何一个稍稍了解她的人都会相信,她说的是对的,因为她就是这句话最好的验证者。

年龄的增长丝毫没有让奥黛丽的魅力有所消减。她身上那种优雅的气质,本身就是经得起考验的。年轻时,奥黛丽在电影中拖着格利高里·派克的手,笑着跑过时的一瞬让人惊叹,这是流落在民间的公主,是坠落在人间的天使;年老时,当奥黛丽牵着灵魂伴侣罗伯特,从记者的长枪短炮中穿过,一袭长裙包裹,低头微笑的时候,仿佛与那个年轻的她重合了——

美人依旧是美人,即便岁月痕迹爬上脸颊,骨子里的气质也还是告诉你,美人不败。

她的气质就像美酒,经过时间窖藏,反而越来越醇香。遍观奥黛丽不同时期的照片,你会发现年轻时的她眼神中更多的是懵懂天真,与少女不谙世事的欢欣和怯懦,让人一眼就能望到头;可年长的奥黛丽,眼神却像星空一样,依然闪烁着光彩、传达着善意,却包容又深邃,沉稳又安宁。

第七章
活成赫本优雅的模样

看着她的眼睛,你就知道这个女人有许多故事,走过许多不同的路。

这就是岁月送给奥黛丽独一无二的礼物,让她的魅力更加复杂深沉,又更值得品味。

CHAPTER 2

女人的魅力之所以会随着时间增长,是因为她在不断积累和前行,而不是任由美貌消逝,却不从其他方面补足。

"优美的姿态,来源于与知识同行而不是独行。"奥黛丽这样说。

优美的姿态固然重要,但她却不觉得这是一切的出发点,是因为与知识相伴,才自然而然有了优美的外在。她爱读书,也很尊重知识。

爱读书的女人口吐芬芳,言之有物,令人一见倾心。

奥黛丽喜欢看书,在瑞士家中时,吃过午饭,奥黛丽就喜欢在花园里或屋子的躺椅上,捧着一本书阅读。读书看报是她从小养成的习惯,在那个年代,人们喜欢读报纸,奥黛丽也是如此。

和罗伯特在一起的最后十几年里,奥黛丽和他一直生活在平淡温馨中。除了做慈善,当他们有时间在家里的时候,下午总是一人捧着一本书,各自不影响对方,沉浸在自己的私人空间里。这一刻,他们都感到享受。

奥黛丽还有自己喜欢的作家,她自己的文笔也很好。不过,也许就是那句话说的,当你读书越多的时候,就发现自己所知道得越少。奥黛丽也是如此,尽管她读了很多书,人们也觉得她有能力写一本书,但每当提起笔的时候,她总是会担心自己写不出好的文字,或者招来旁人的笑话。

读书越多,她就越谦卑,越觉得自己渺小。

腹有诗书气自华,奥黛丽的气质让人相信她就是一个爱读书的女孩,因为不读书的人,绝对没有奥黛丽那样高级的优雅气质,这是内在的体现。

读书,让奥黛丽的灵魂得到了充实,这是最好的抵抗时间的武器。

大多数人的气质往往是天生的,很难通过各种方式来改变。你可以用舞蹈来改变自己的形体,但张口便能暴露你的内涵和修养。所以,唯有读书可以真正从本质上改变你的气质。

所以,对于那些苦恼于自己张口便缺乏气质、总是显得不够"高级"的姑娘,我只有一个建议,就是"去读书"。书中未必有黄金屋,但一定能寻到颜如玉。当你真正读进去的时候,便能在书中寻到智慧,找到解决烦忧的方法,明白用一种合适的方式去看待自己的人生,此时的你就是曾经向往的"颜如玉"了。

长相不美的人,常常因为读书而有了气质和内涵,而不读书的人,即便长得好看也带着廉价之感。腹有诗书气自华,这话真的不是玩笑。

腹有诗书的女人,就像是含苞于枝头的梅花,也许这花朵不够富丽堂皇、不曾夺人眼球,但只要你驻足在这附近就能闻到一股幽香,哪怕一开始未曾注意,最终也会看到她的美,且越品味越爱。

要培养令人琢磨不透的优雅气质,没有任何捷径可走,必须要足够的阅历和智慧才能支撑,而这些都可以在书中寻到。

读书也可以弥补阅历的不足。读一本书,其实就是旁观着别人走过他的一生,而你可以用读一本书的时间,去做关于一个人一生的思考,

第七章
活成赫本优雅的模样

这是多么难得的机会！对无知的人而言，就算他走过了百年，往往也只是虚度，对懂得阅读和思考的人来说，士别不过三日，亦可脱胎换骨。

CHAPTER 3

曾经我们以为，美人老去是最残酷的，可奥黛丽却告诉你，活到老也可以美到老，以一种更优雅的姿态，藐视时间。

曾经我们以为，只有在灯光交错的舞台上，身着华服满身珠翠，才能真正显露一个女人的美，可奥黛丽却在战火肆虐的贫困地区穿行，一样留下了坚强干练、充满魅力的照片，展示了仿佛脱胎换骨般的另一种美。

她诠释了真正的优雅和精致，令人明白，原来美貌不过是消费品，而气质才是收藏品。

永远值得被爱的天使——奥黛丽·赫本

奥黛丽·赫本传
用灵魂亲吻世界

谁说岁月无情,当你静下心来打磨气质,岁月就是最好的武器。认真体会每一天的美好,每一日都多走一步,每一个明天都变成更好的自己,你的气质将由内而外地昭示。当有了气质为底气,美貌不过是锦上添花,再也没有人过于追逐。

你看那些娱乐圈中的美人,越是大气自信、内涵无穷的,就越从容自如、不强求青春。林青霞不美吗,年轻时她风华绝代,可她没有像别人一样过分挽留自己的容颜,反而专注于生活,这就是自信;赵雅芝不美吗,她是一代人的白娘子和冯程程,拥有优雅迷人的气质,所以在岁月的纹路之下依旧闪闪发光;章子怡不美吗,她是国际知名的女影星,有倾城的容貌、精湛的演技,但她也坦然面对高清镜头下眼角的痕迹,始终坚持最真实的一面。

当有气质支撑,美人迟暮也不悲哀。我们不可能永远青春,而人生的每一日都是不同的体味,淡看容颜变化,收获优雅与气质,才是活到老、美到老的人生。